# BASKETBALL PLAY DESIGNER

## The Ultimate Notebook To Create Your Basketball Playbook

ISBN 13: 9781791774721

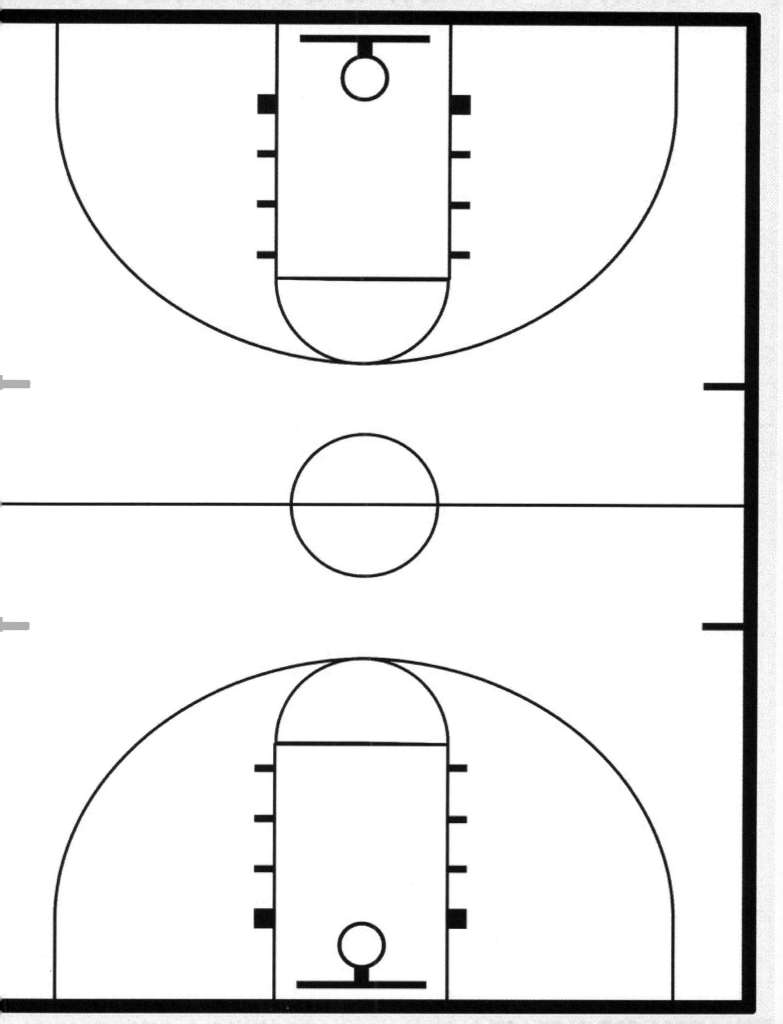

**DIAGRAM 1**

**DIAGRAM 2**

## NOTES

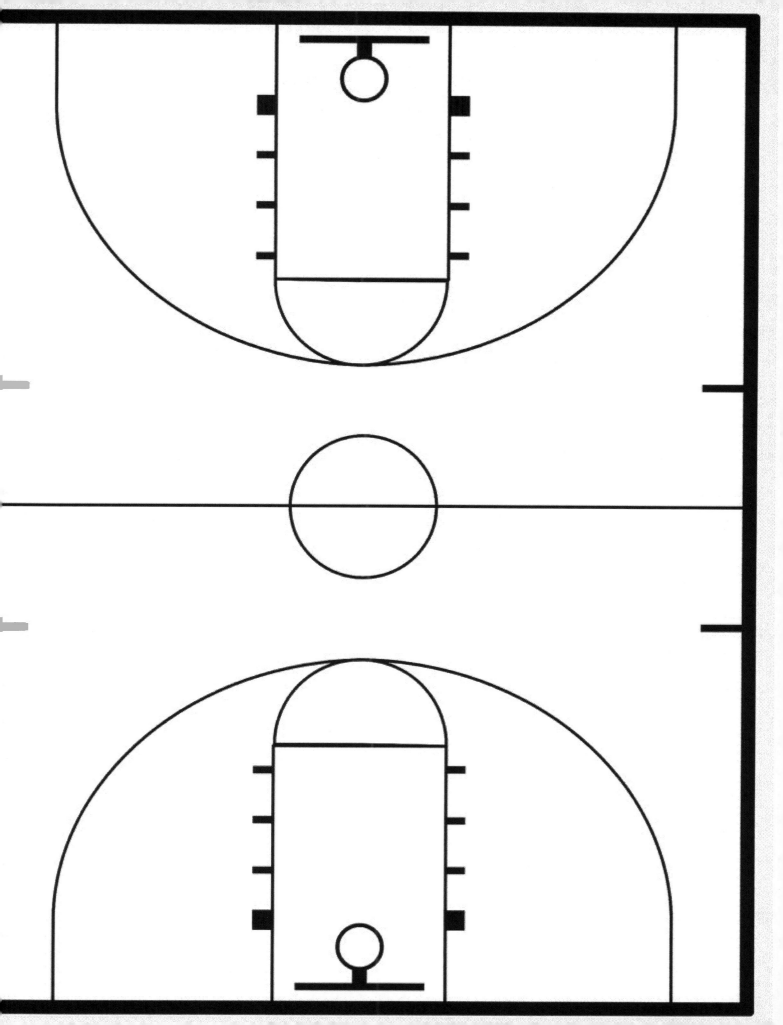

**DIAGRAM 1**

**DIAGRAM 2**

# NOTES

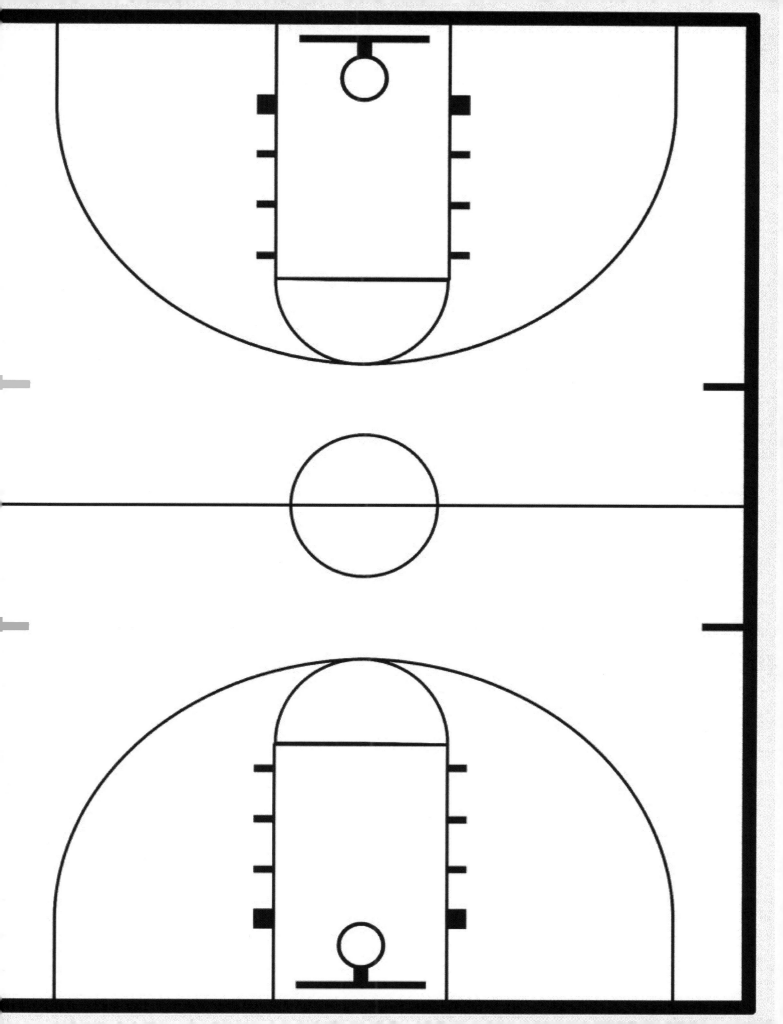

**DIAGRAM 1**

**DIAGRAM 2**

# NOTES

DIAGRAM 1

DIAGRAM 2

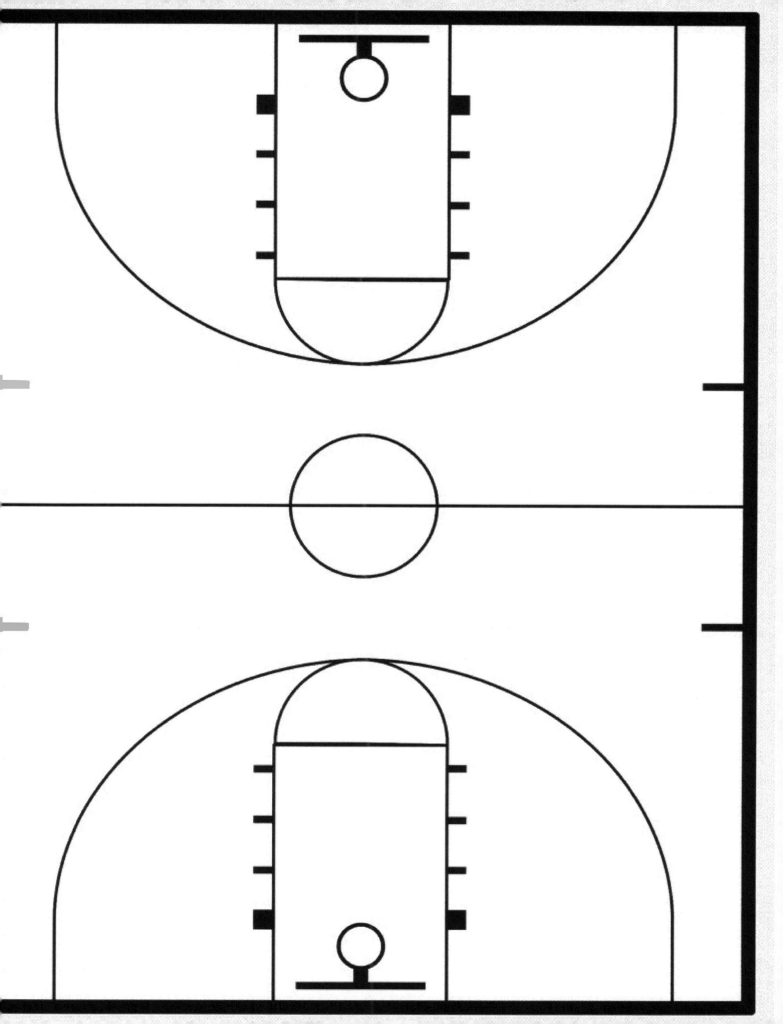

**DIAGRAM 1**

**DIAGRAM 2**

## NOTES

**DIAGRAM 1**

**DIAGRAM 2**

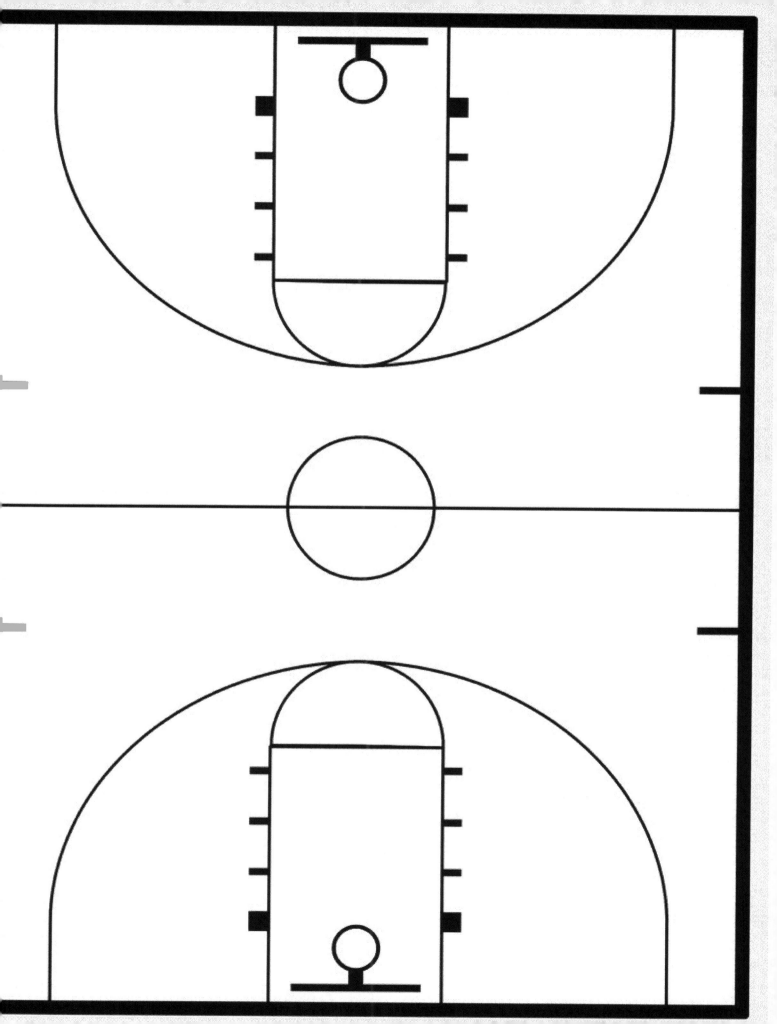

**DIAGRAM 1**

**DIAGRAM 2**

**NOTES**

DIAGRAM 1

DIAGRAM 2

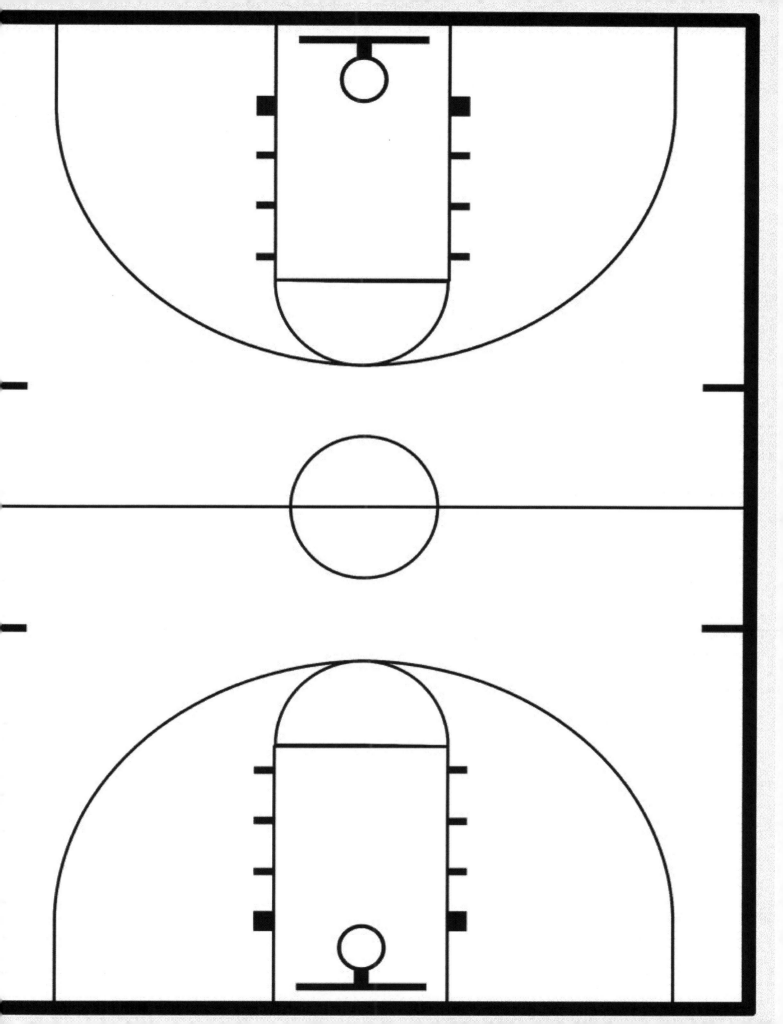

**DIAGRAM 1**

**DIAGRAM 2**

## NOTES

DIAGRAM 1

DIAGRAM 2

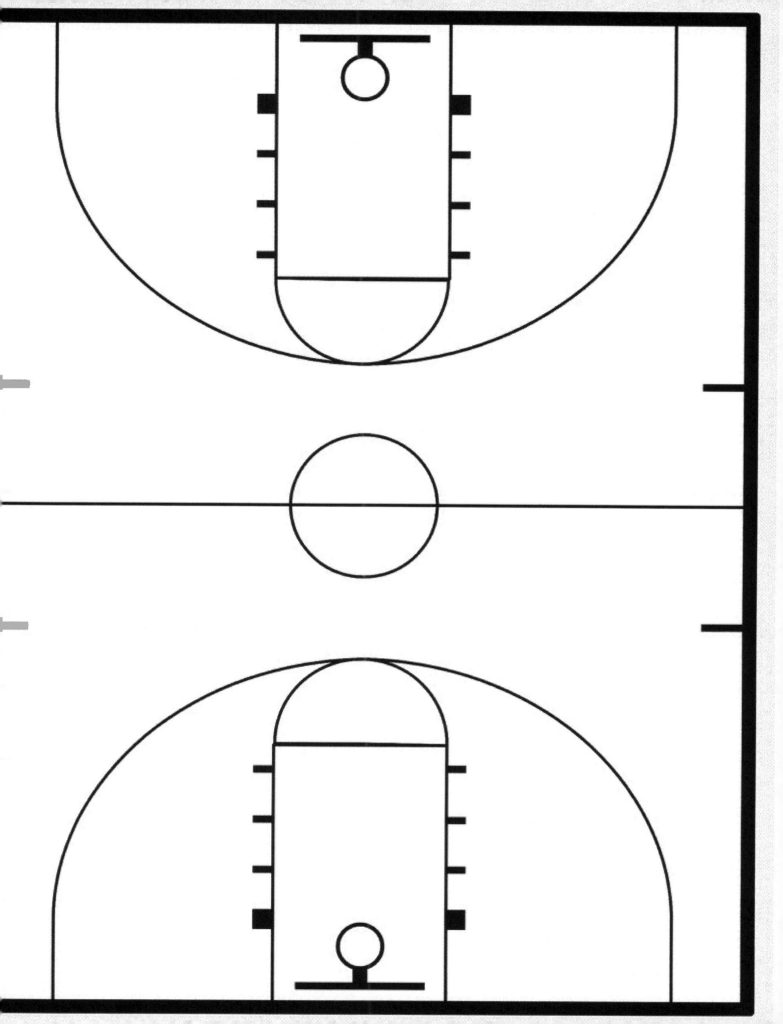

**DIAGRAM 1**

**DIAGRAM 2**

## NOTES

DIAGRAM 1

DIAGRAM 2

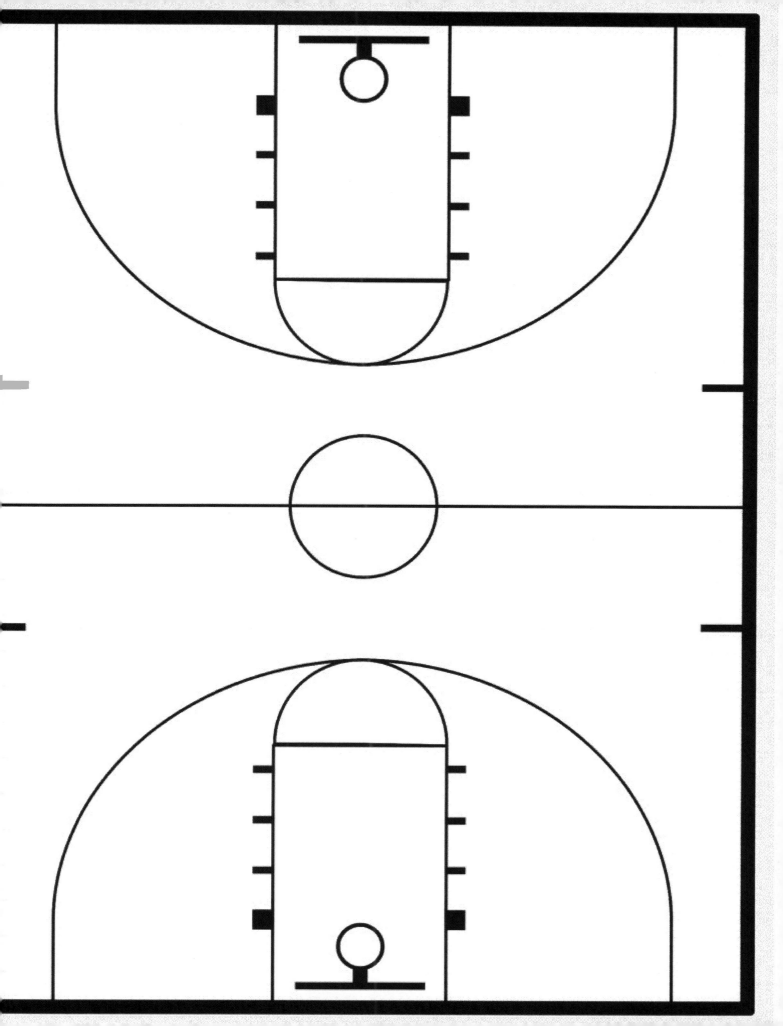

**DIAGRAM 1**

**DIAGRAM 2**

## NOTES

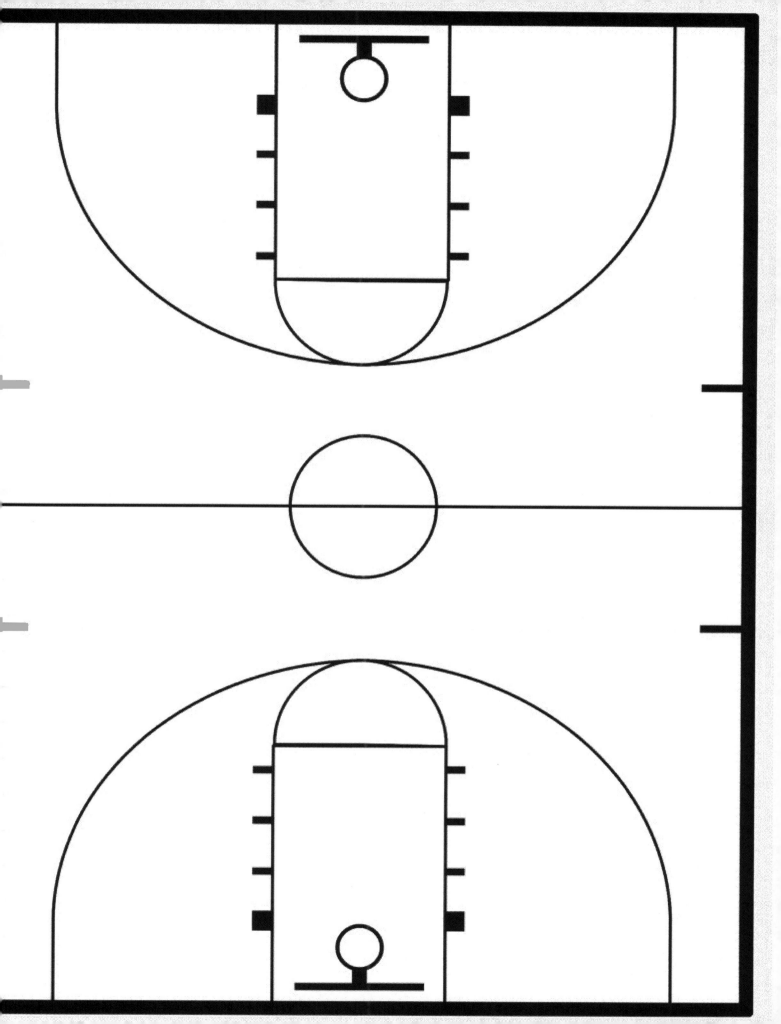

**DIAGRAM 1**

**DIAGRAM 2**

# NOTES

**DIAGRAM 1**

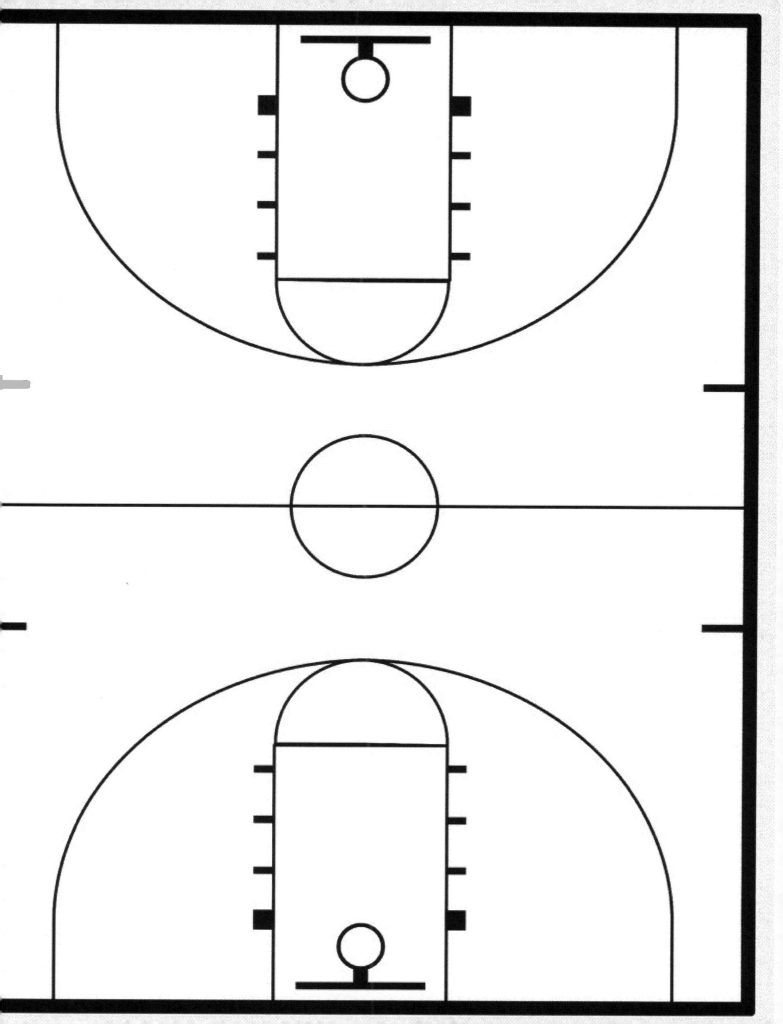

**DIAGRAM 1**

**DIAGRAM 2**

## NOTES

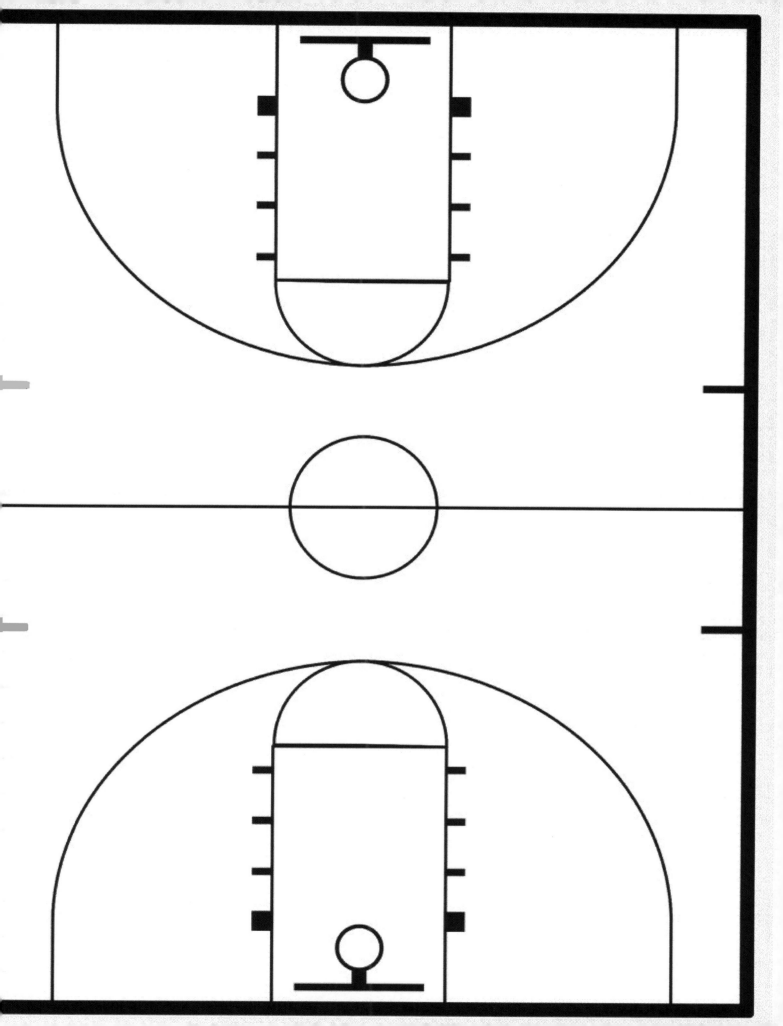

**DIAGRAM 1**

**DIAGRAM 2**

**NOTES**

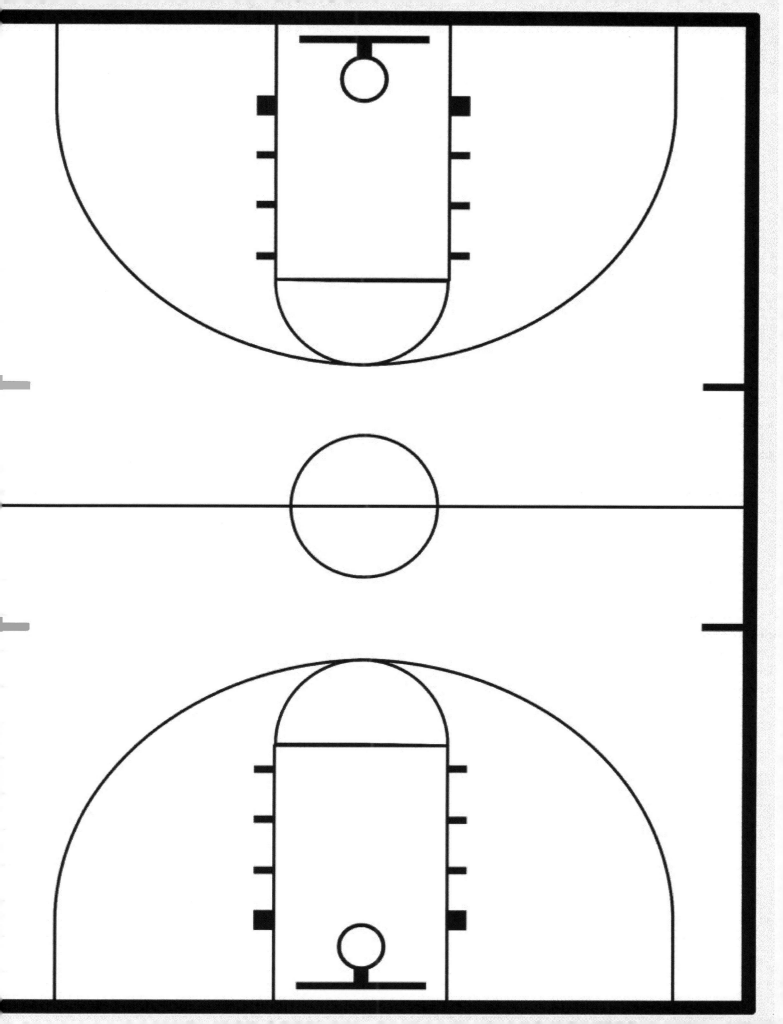

**DIAGRAM 1**

**DIAGRAM 2**

**NOTES**

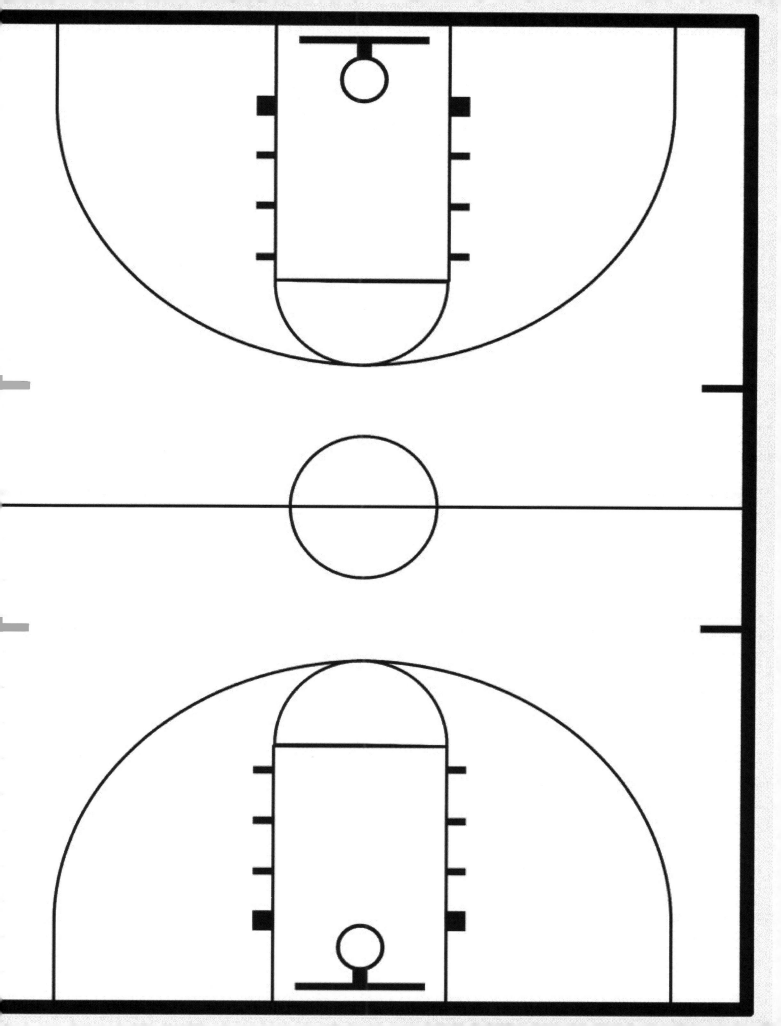

**DIAGRAM 1**

**DIAGRAM 2**

# NOTES

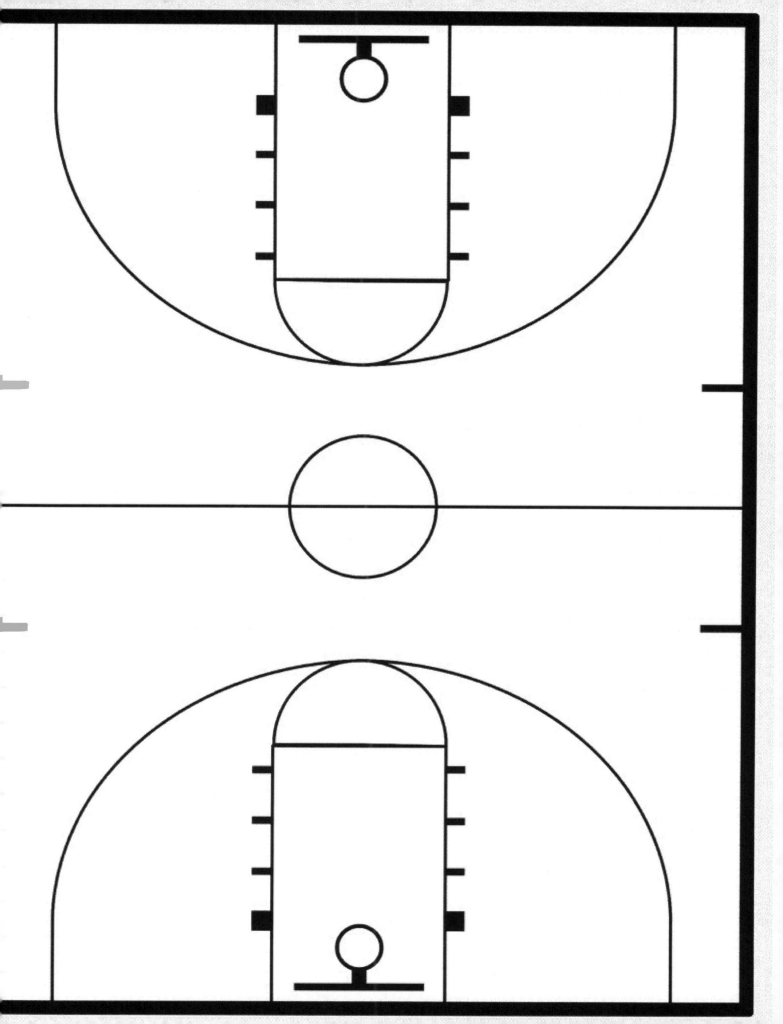

**DIAGRAM 1**

**DIAGRAM 2**

## NOTES

DIAGRAM 1

DIAGRAM 2

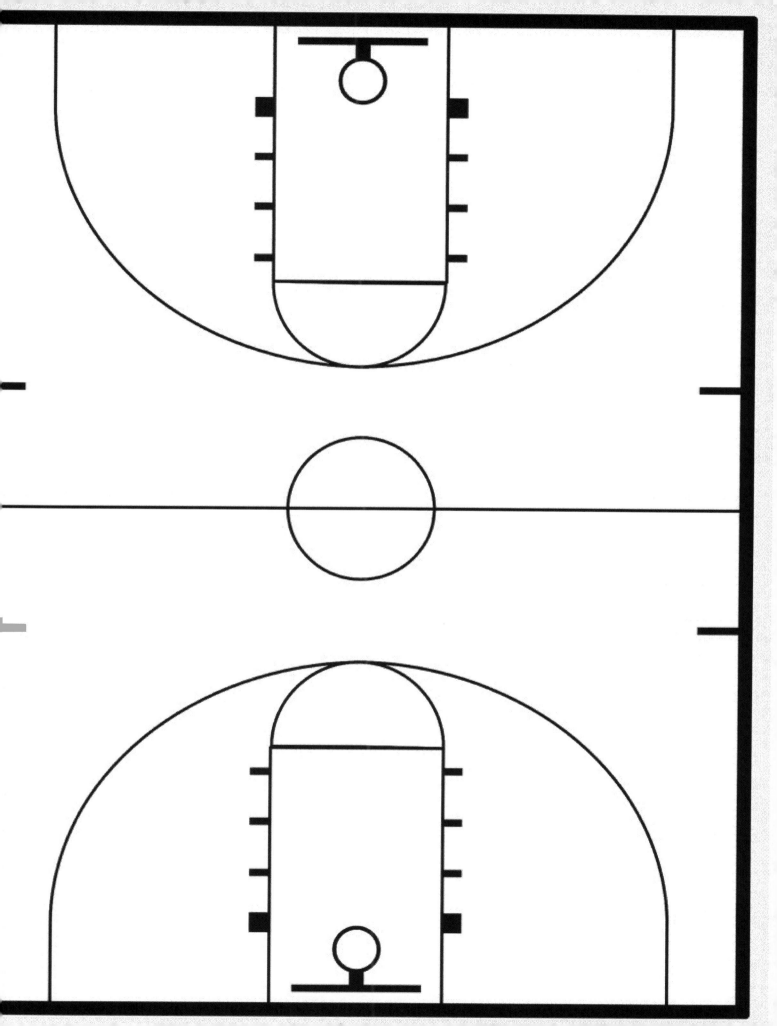

**DIAGRAM 1**

**DIAGRAM 2**

**NOTES**

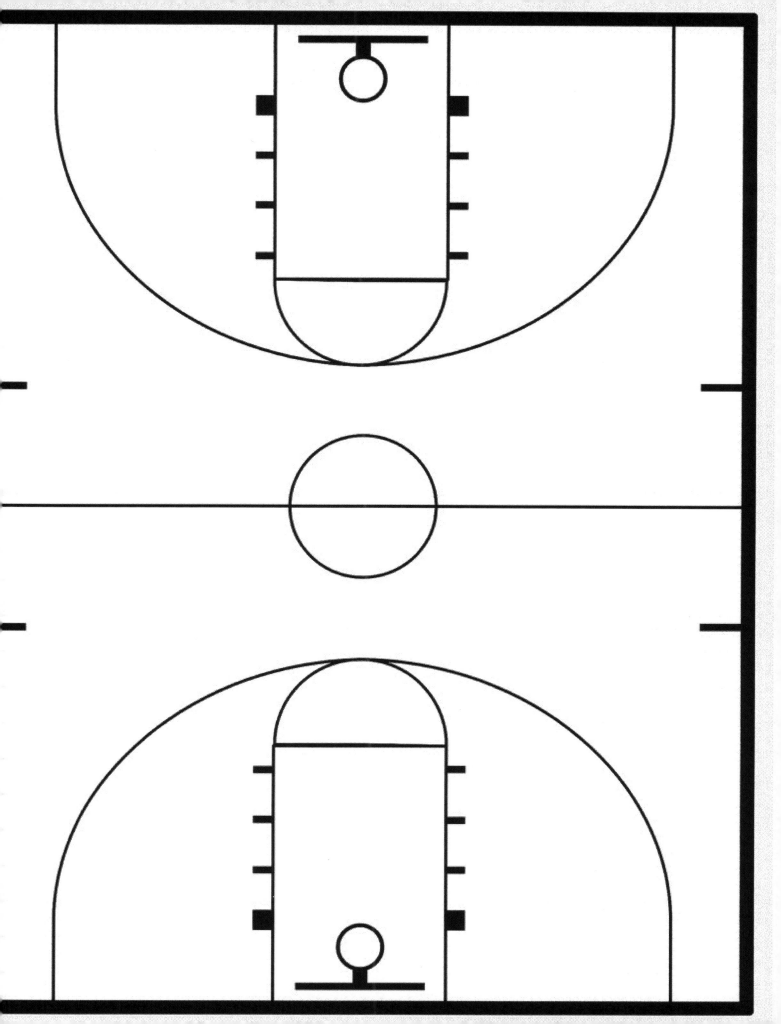

**DIAGRAM 1**

**DIAGRAM 2**

**NOTES**

DIAGRAM 1

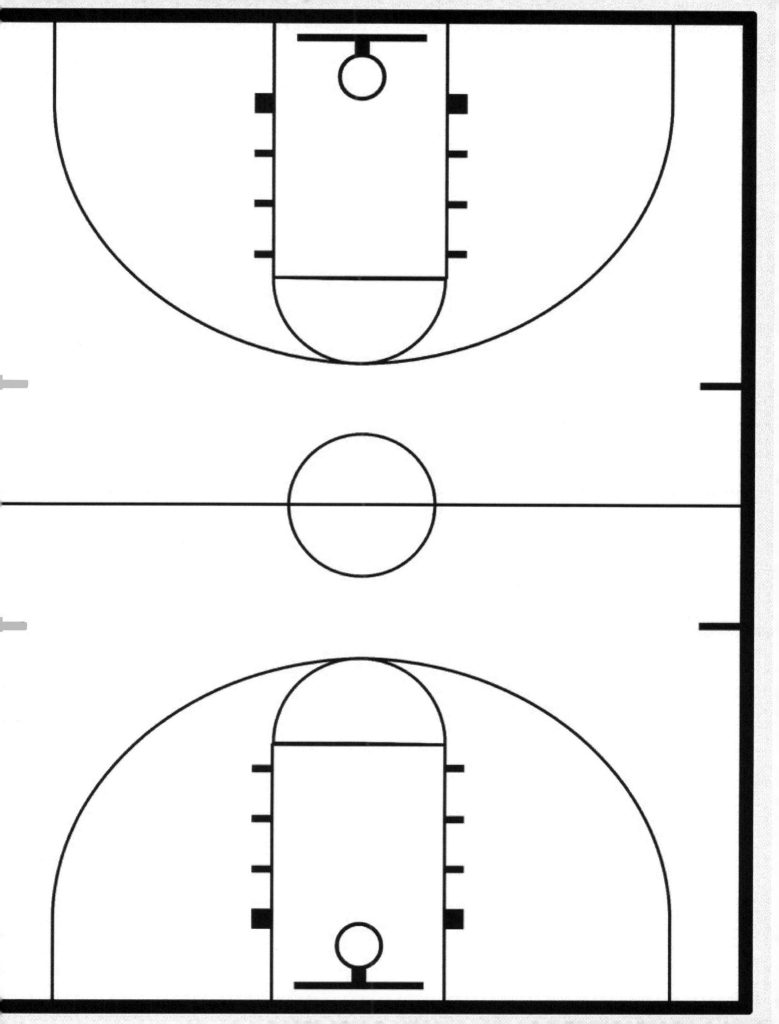

**DIAGRAM 1**

**DIAGRAM 2**

# NOTES

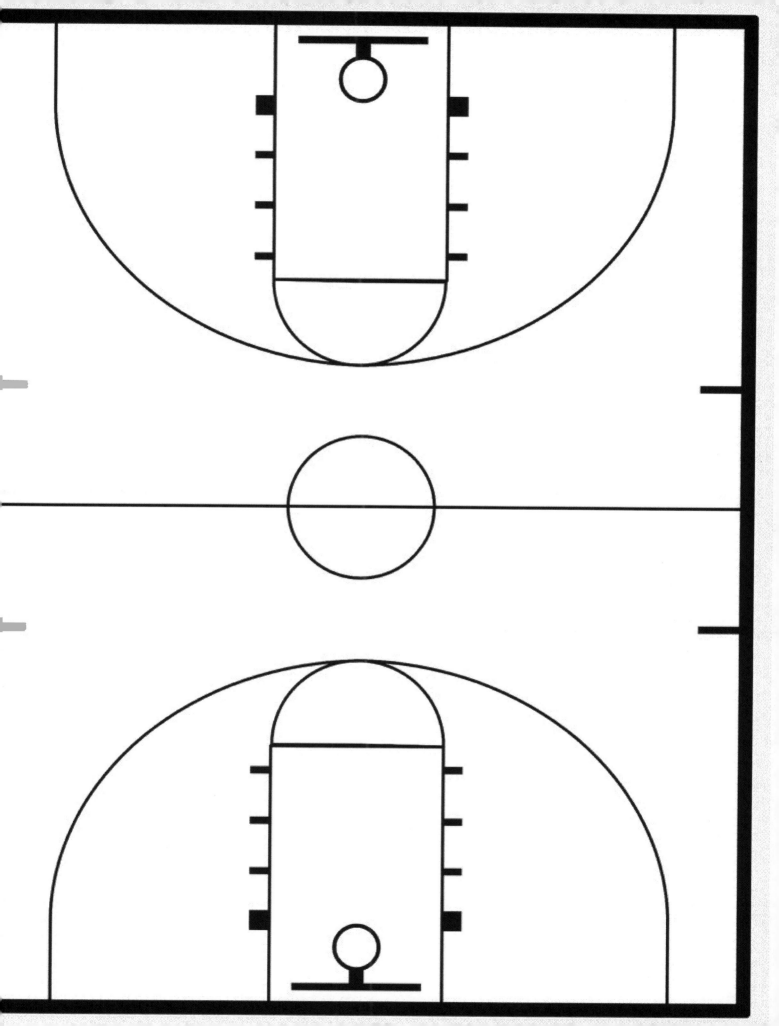

**DIAGRAM 1**

**DIAGRAM 2**

# NOTES

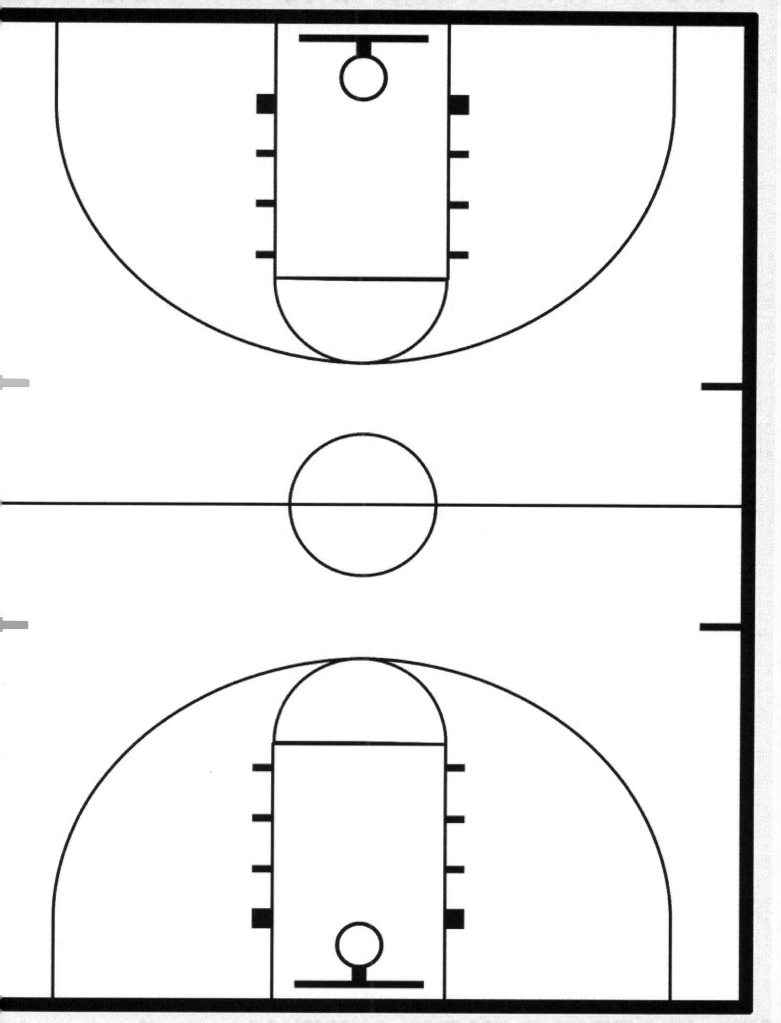

**DIAGRAM 1**

**DIAGRAM 2**

## NOTES

**DIAGRAM 1**

**DIAGRAM 2**

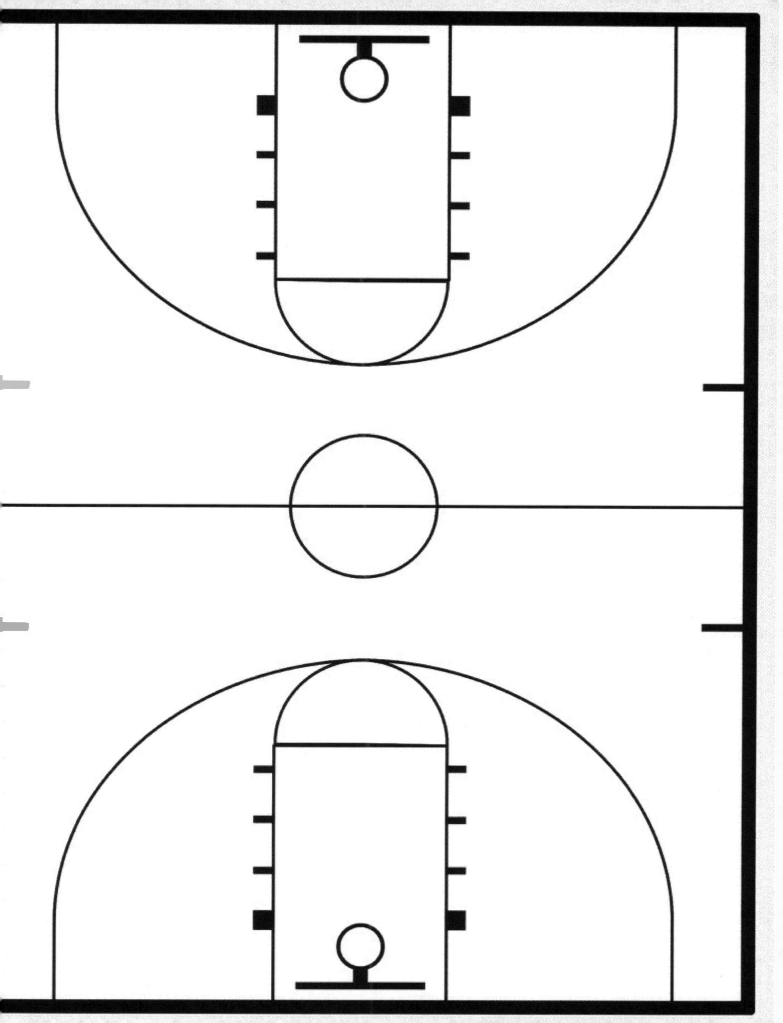

**DIAGRAM 1**

**DIAGRAM 2**

# NOTES

**DIAGRAM 1**

**DIAGRAM 2**

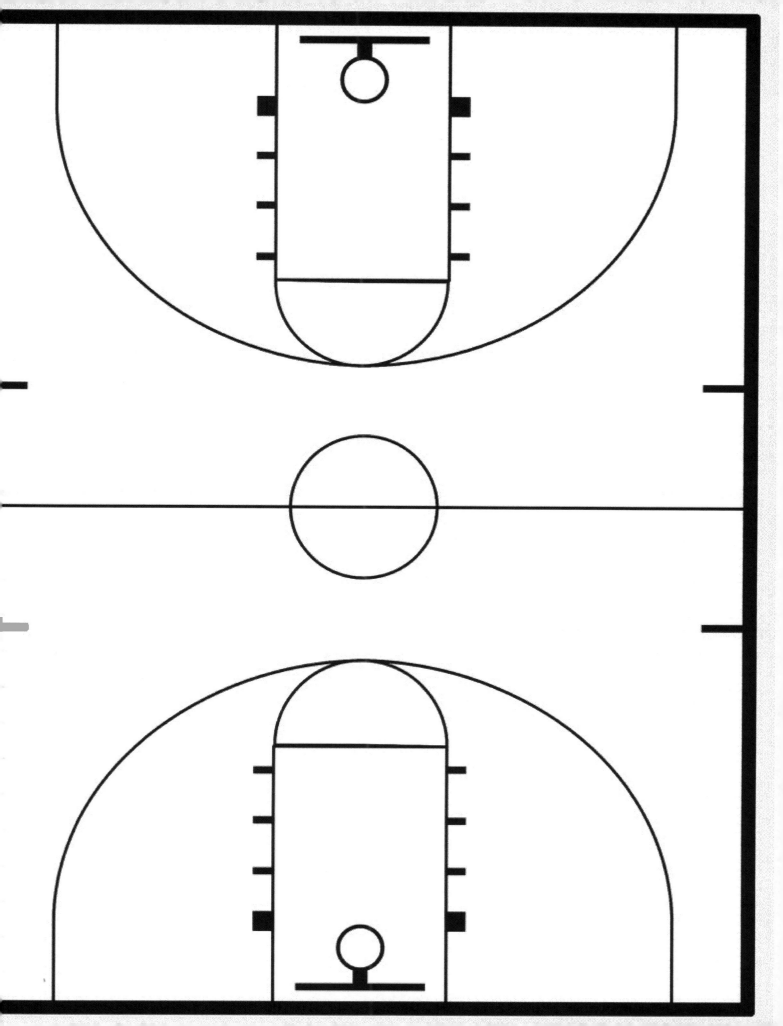

**DIAGRAM 1**

**DIAGRAM 2**

# NOTES

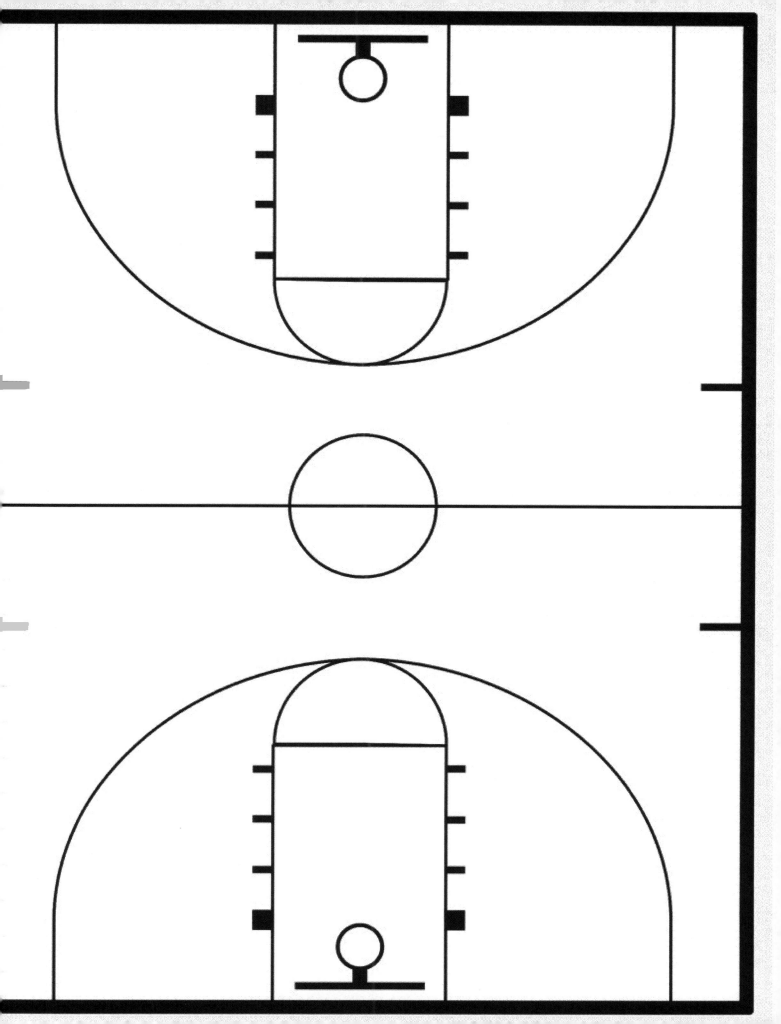

**DIAGRAM 1**

**DIAGRAM 2**

**NOTES**

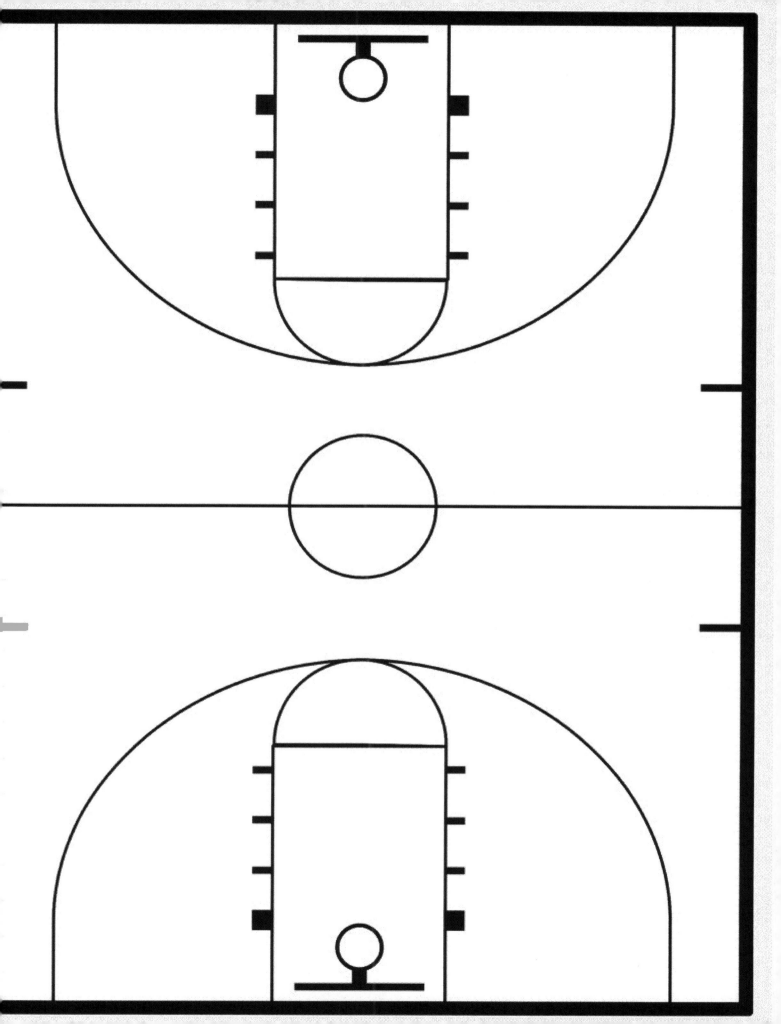

**DIAGRAM 1**

**DIAGRAM 2**

**NOTES**

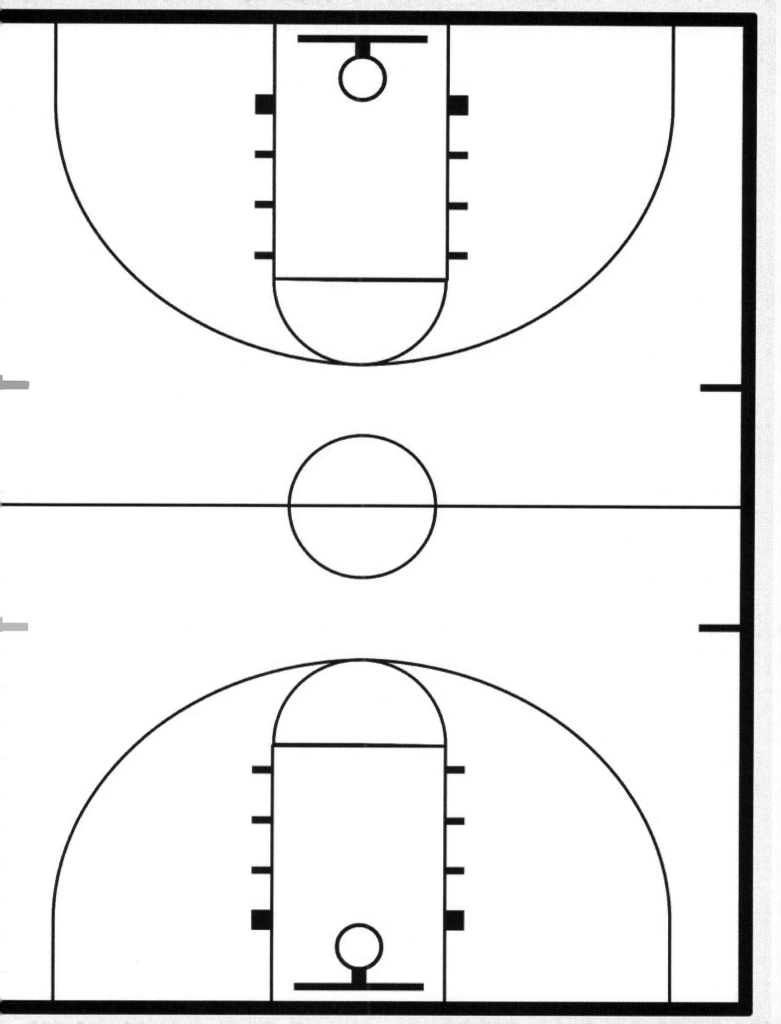

**DIAGRAM 1**

**DIAGRAM 2**

## NOTES

**DIAGRAM 1**

**DIAGRAM 2**

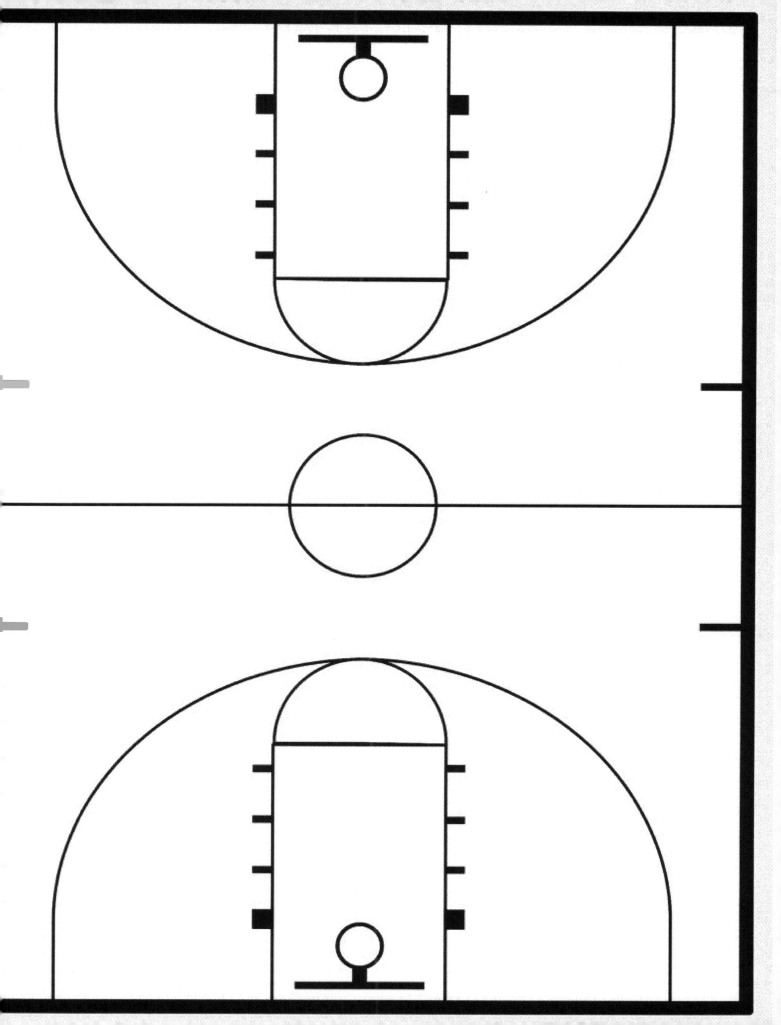

**DIAGRAM 1**

**DIAGRAM 2**

# NOTES

**DIAGRAM 1**

**DIAGRAM 2**

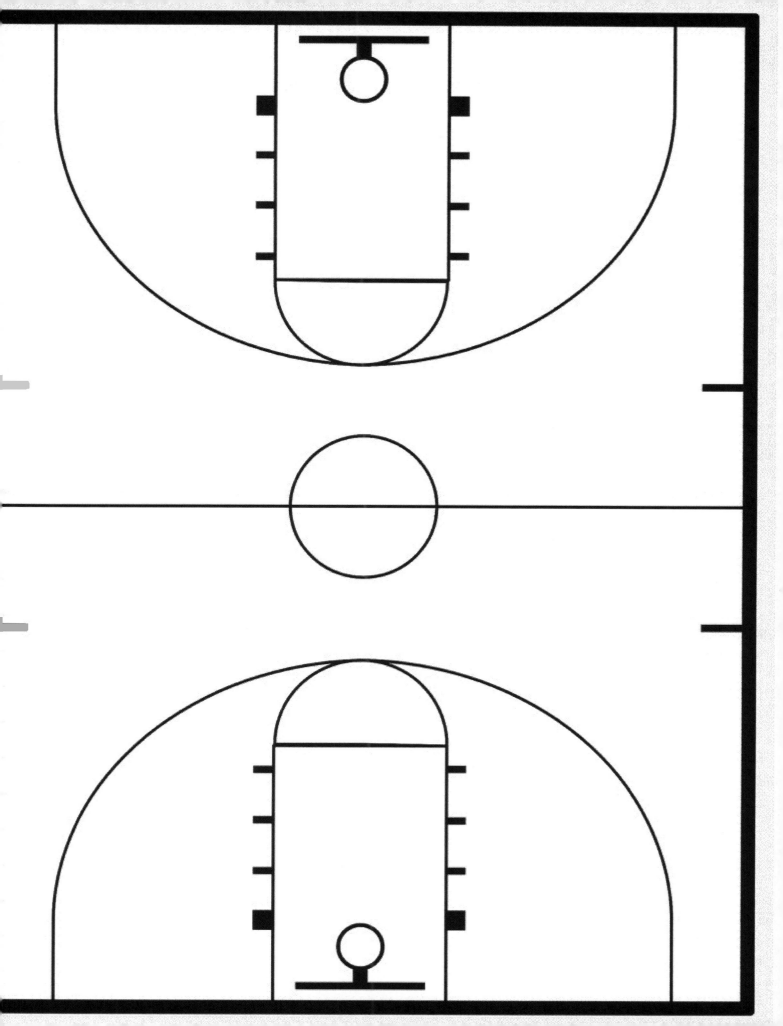

**DIAGRAM 1**

**DIAGRAM 2**

# NOTES

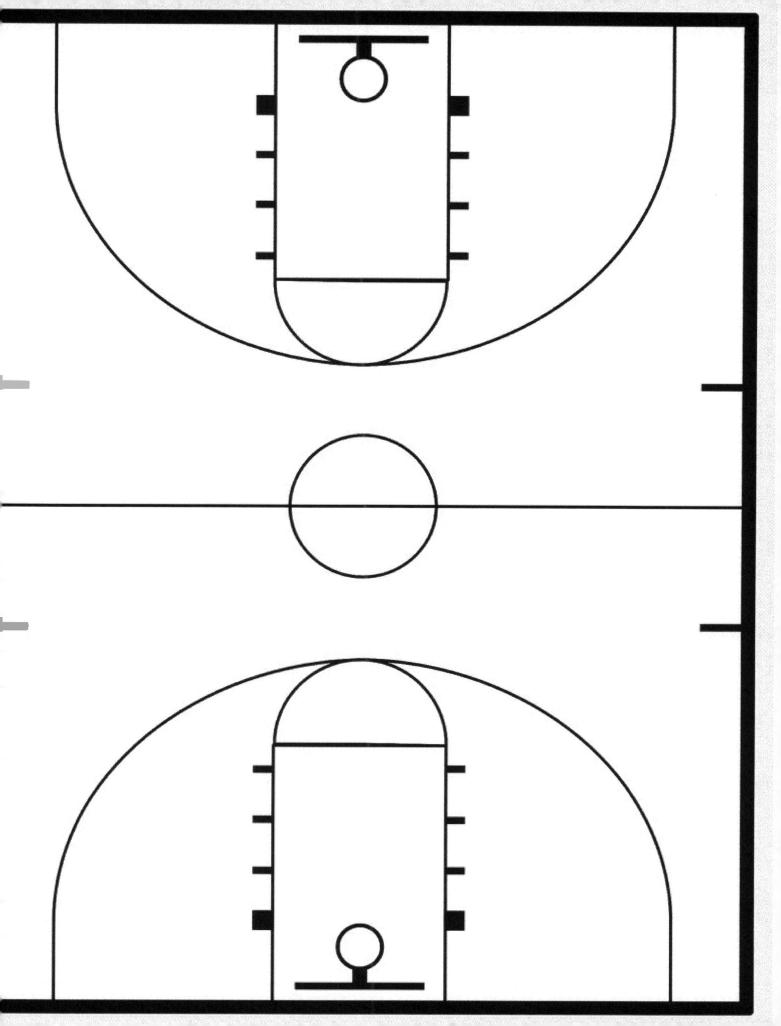

**DIAGRAM 1**

**DIAGRAM 2**

# NOTES

**DIAGRAM 1**

**DIAGRAM 2**

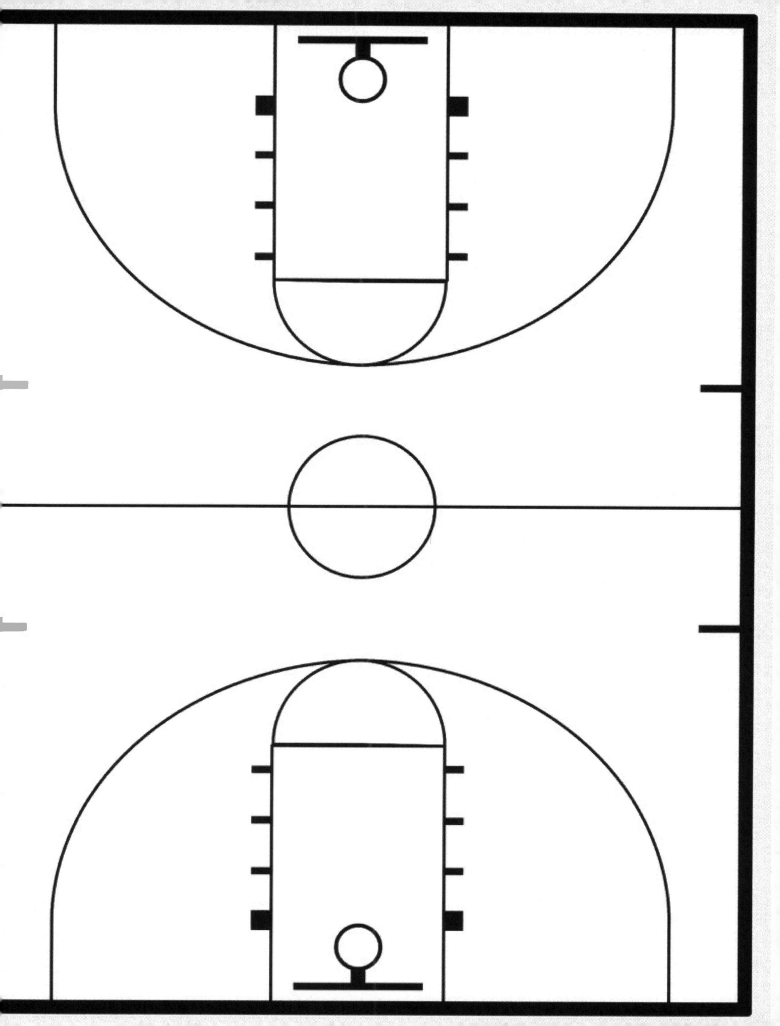

**DIAGRAM 1**

**DIAGRAM 2**

## NOTES

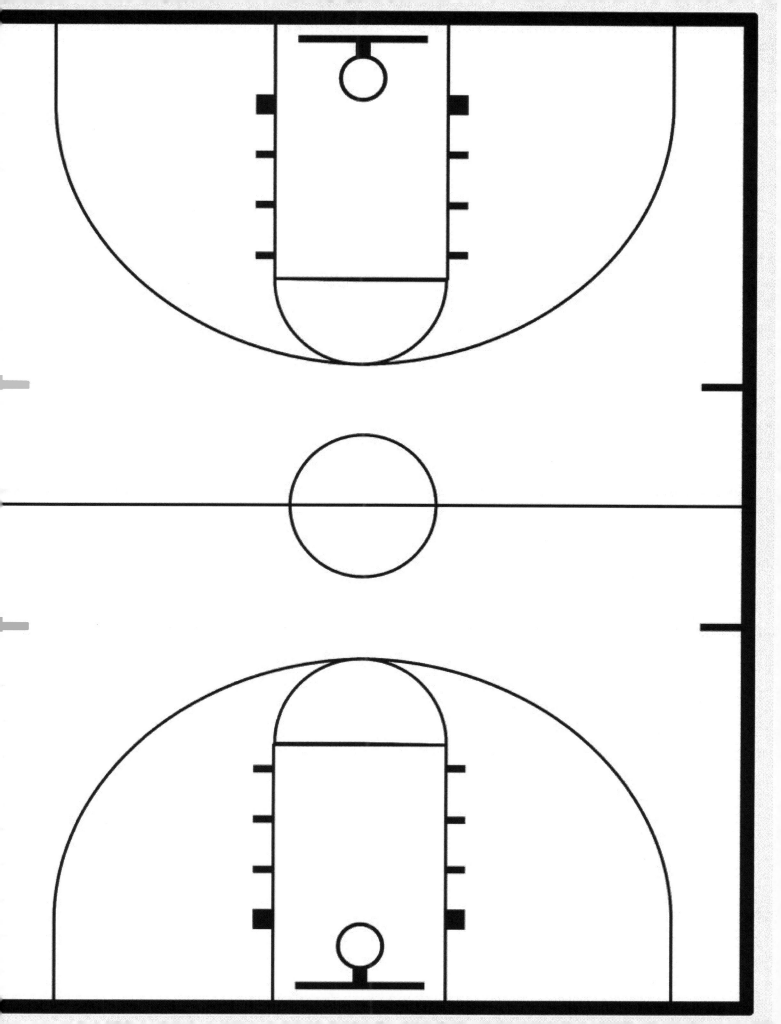

**DIAGRAM 1**

**DIAGRAM 2**

## NOTES

DIAGRAM 1

DIAGRAM 2

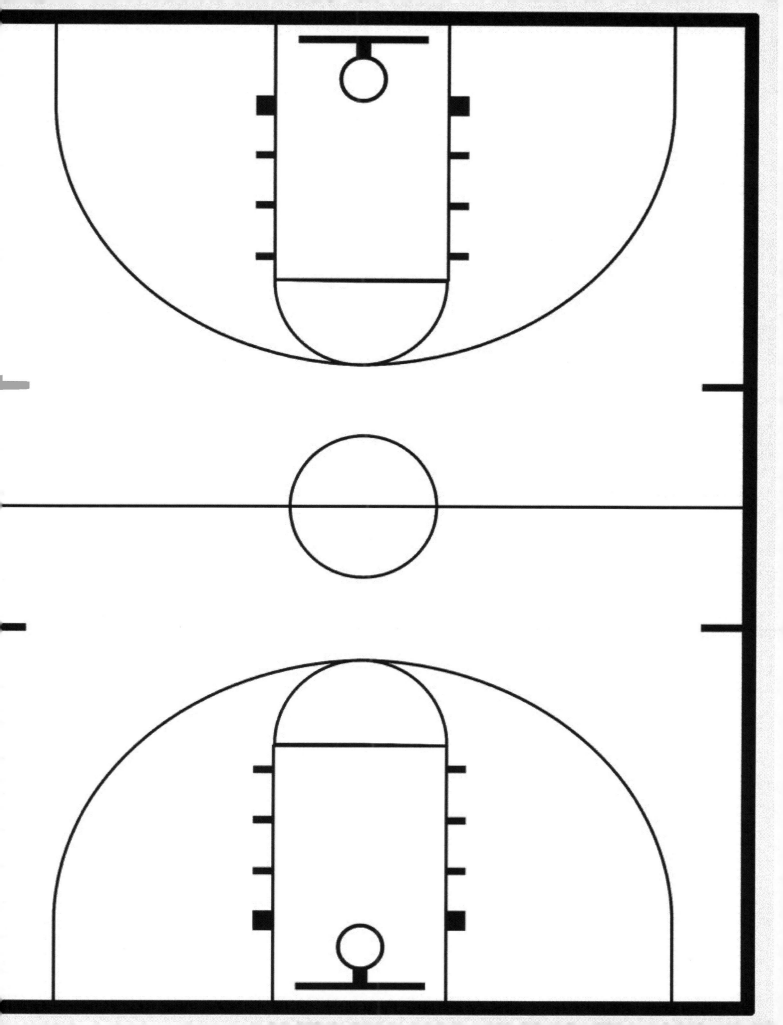

**DIAGRAM 1**

**DIAGRAM 2**

## NOTES

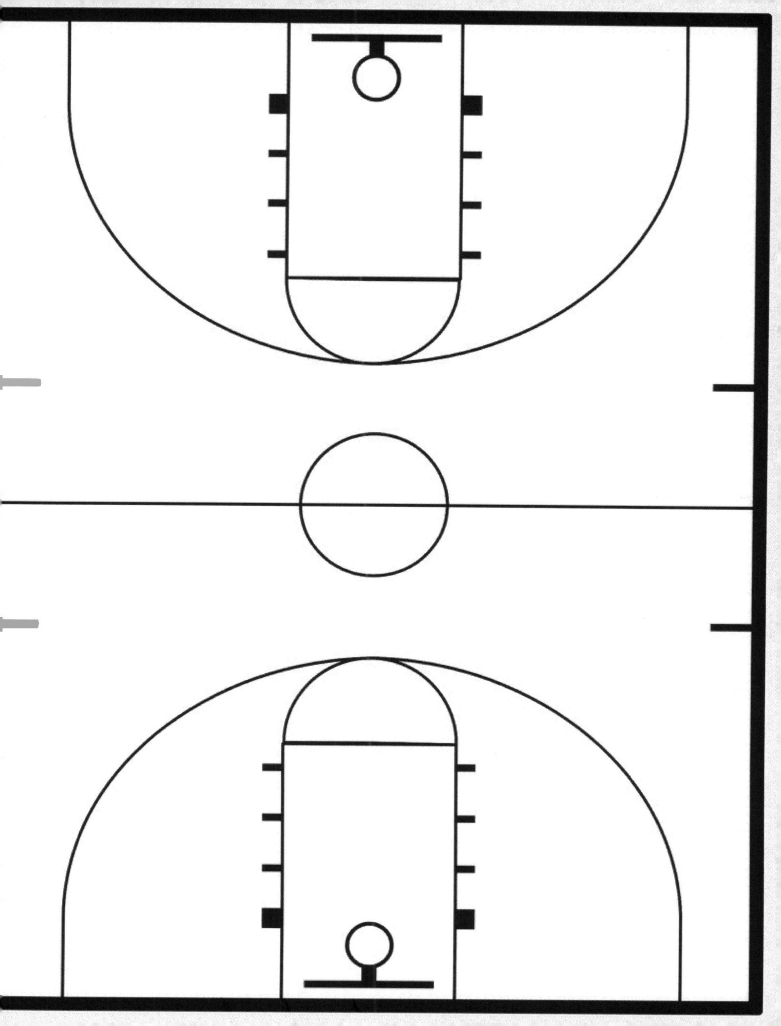

**DIAGRAM 1**

**DIAGRAM 2**

**NOTES**

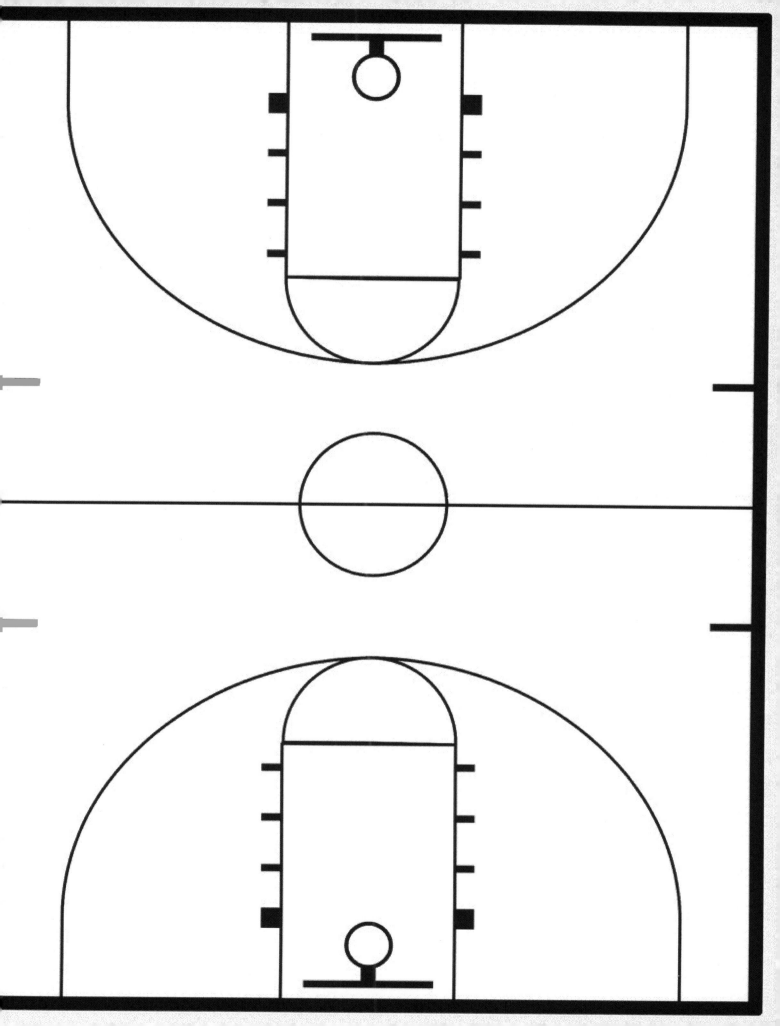

**DIAGRAM 1**

**DIAGRAM 2**

**NOTES**

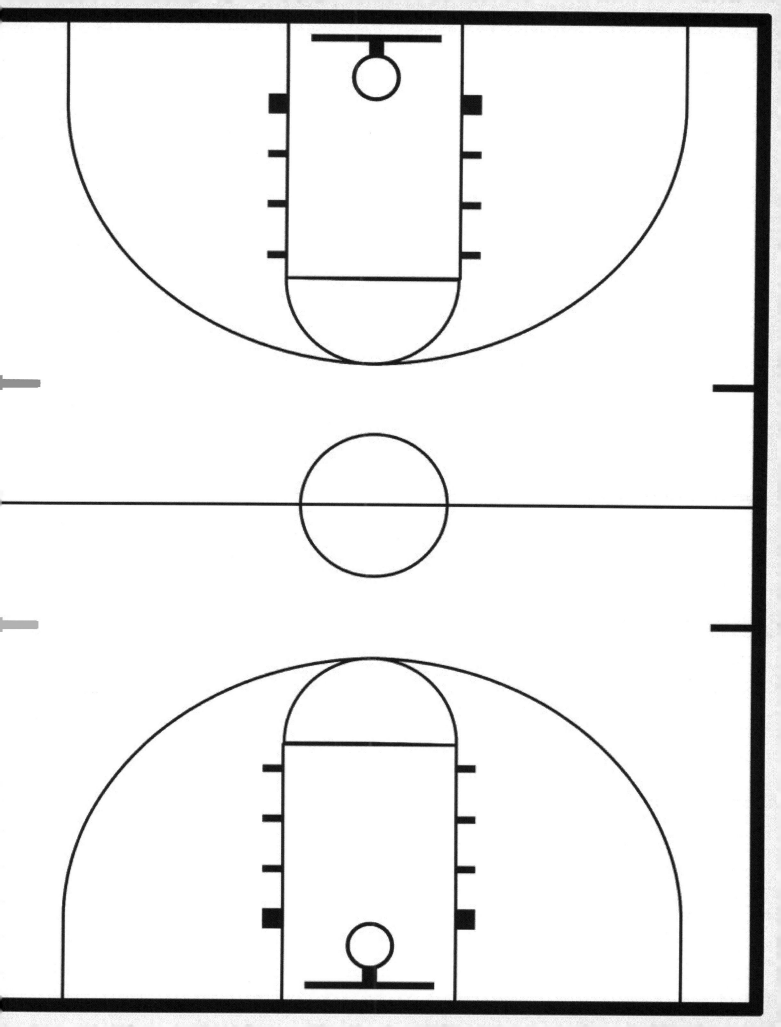

**DIAGRAM 1**

**DIAGRAM 2**

## NOTES

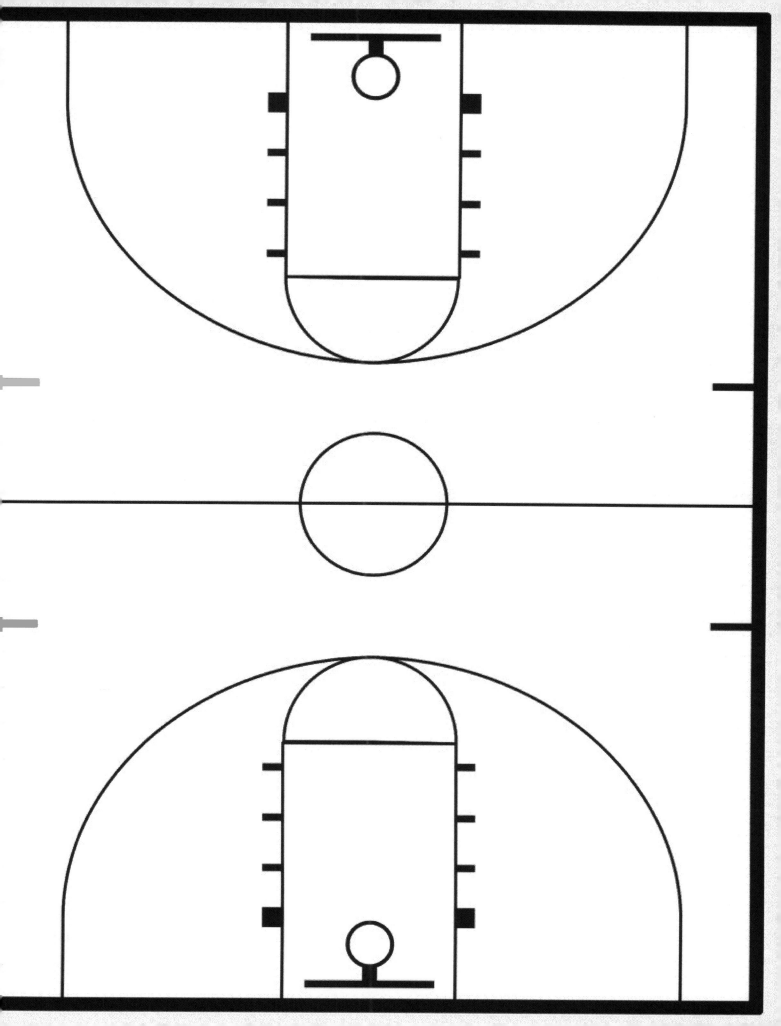

**DIAGRAM 1**

**DIAGRAM 2**

# NOTES

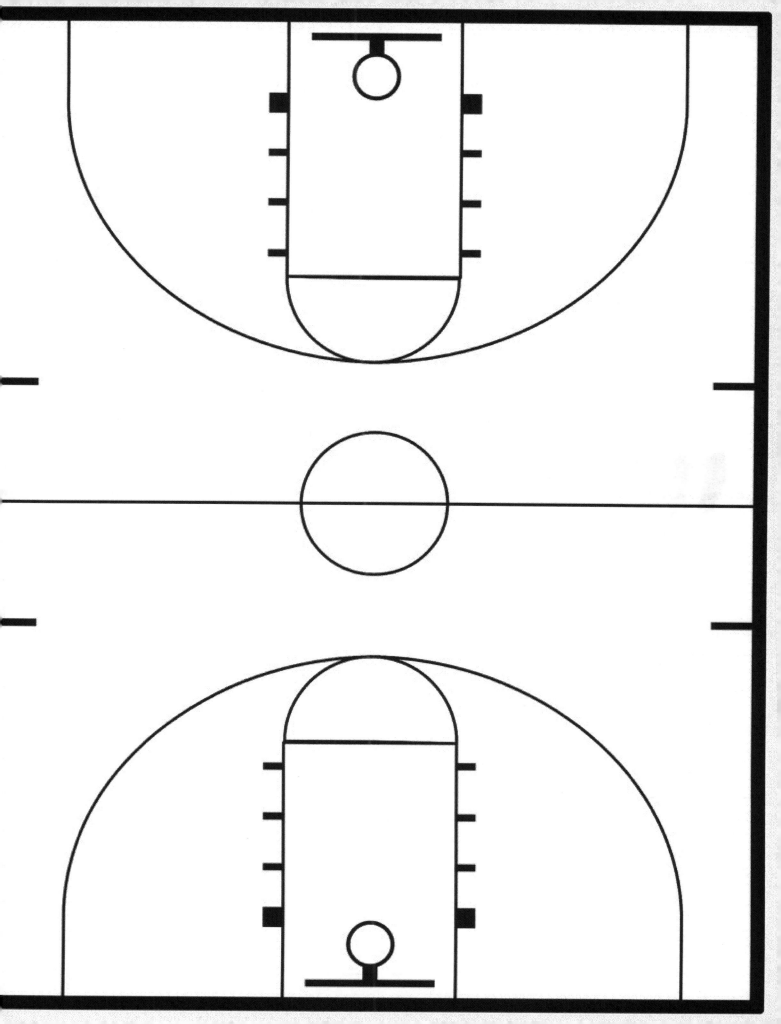

**DIAGRAM 1**

**DIAGRAM 2**

**NOTES**

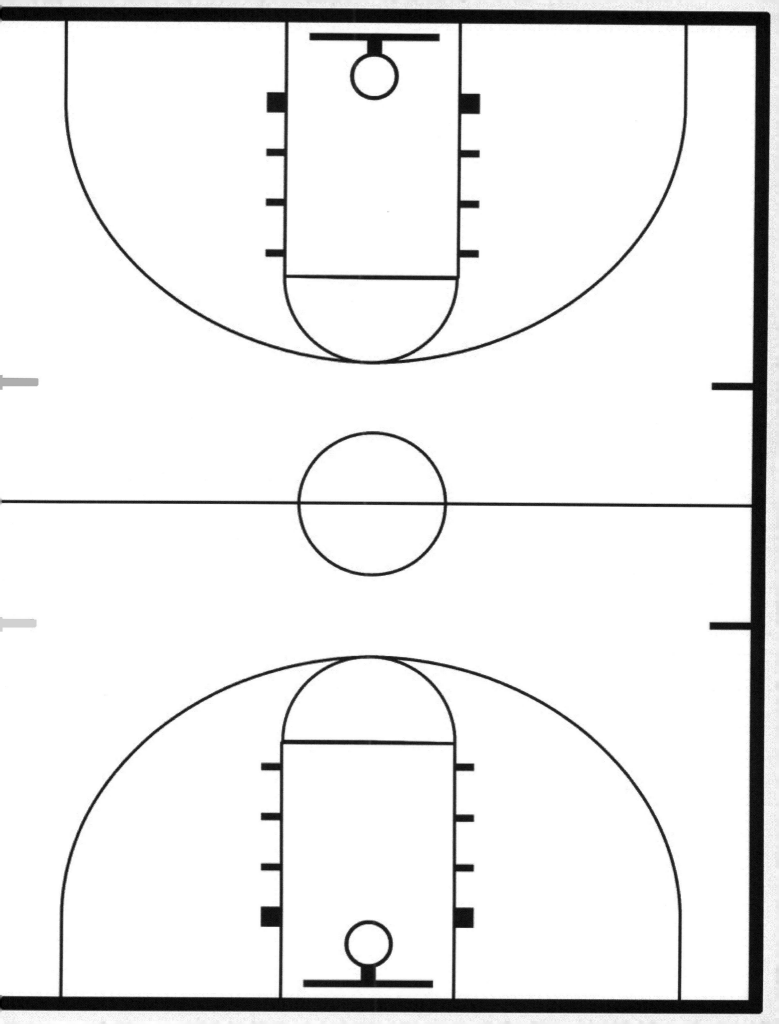

**DIAGRAM 1**

**DIAGRAM 2**

## NOTES

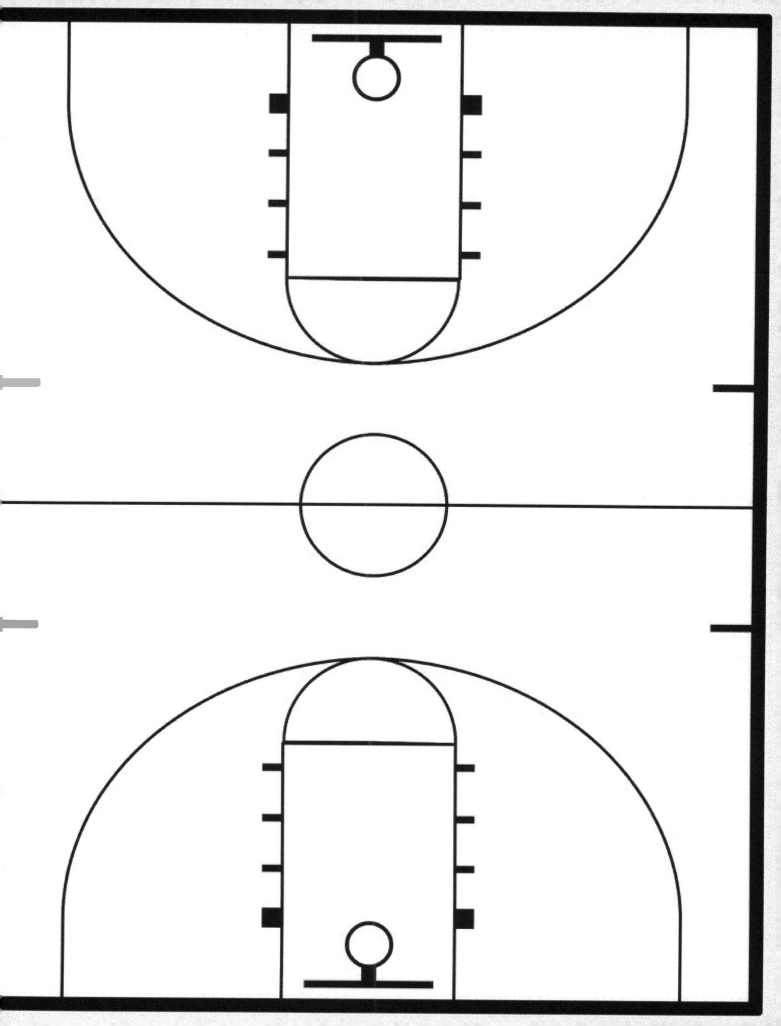

**DIAGRAM 1**

**DIAGRAM 2**

**NOTES**

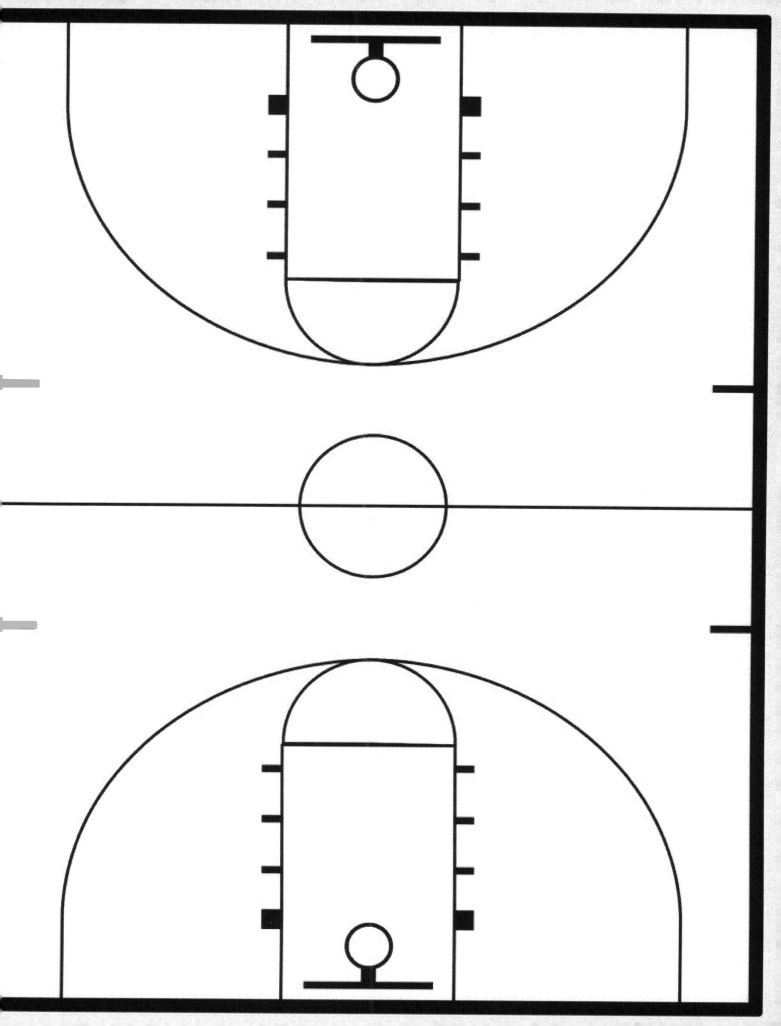

**DIAGRAM 1**

**DIAGRAM 2**

**NOTES**

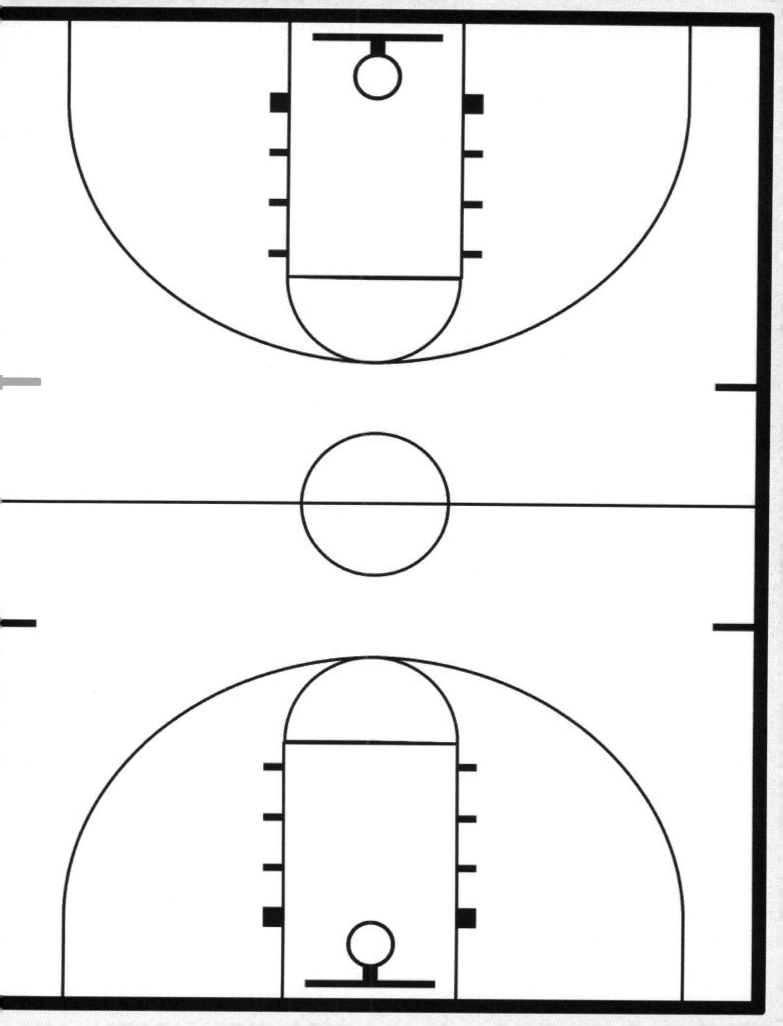

**DIAGRAM 1**

**DIAGRAM 2**

**NOTES**

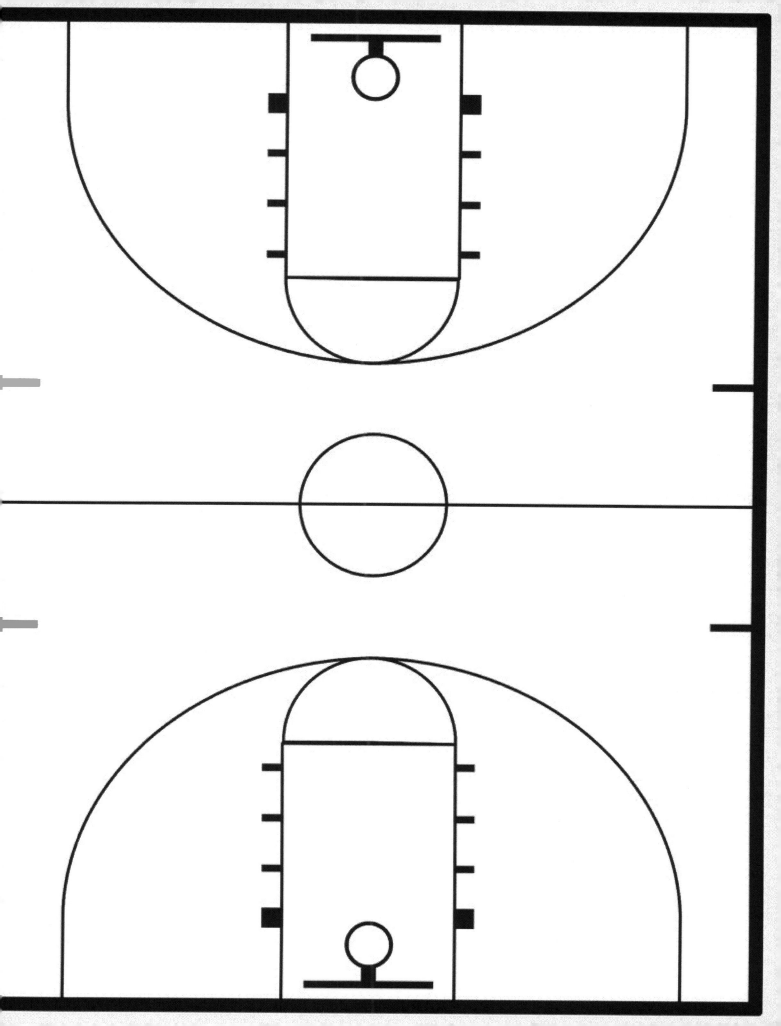

**DIAGRAM 1**

**DIAGRAM 2**

## NOTES

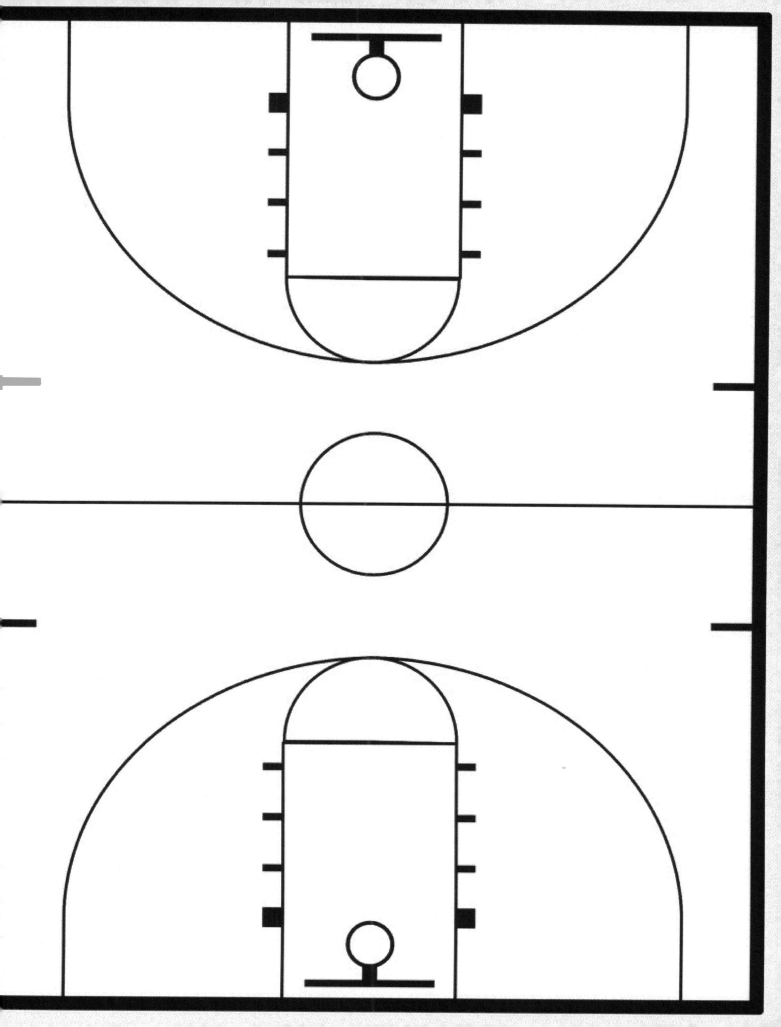

**DIAGRAM 1**

**DIAGRAM 2**

# NOTES

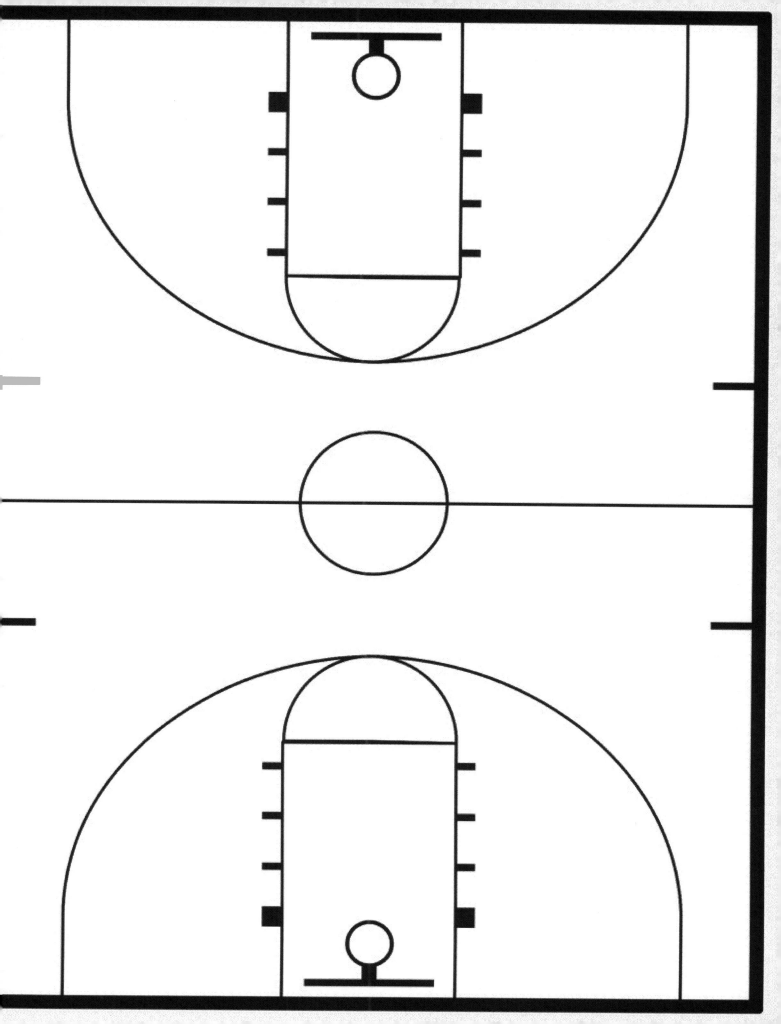

**DIAGRAM 1**

**DIAGRAM 2**

**NOTES**

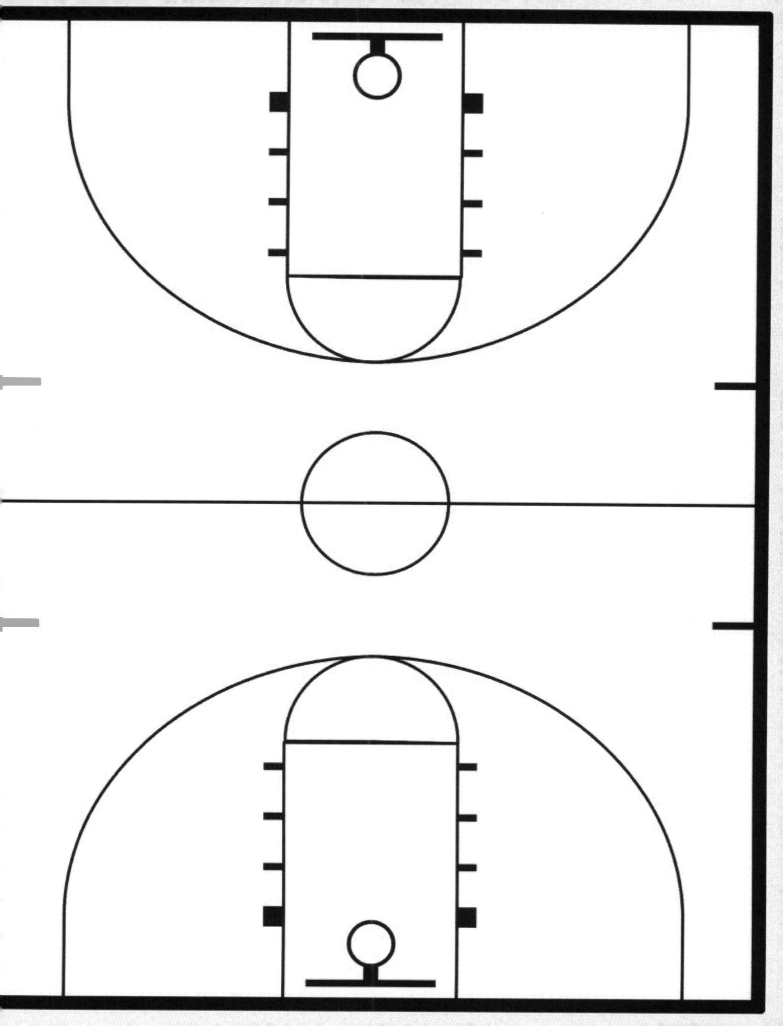

**DIAGRAM 1**

**DIAGRAM 2**

**NOTES**

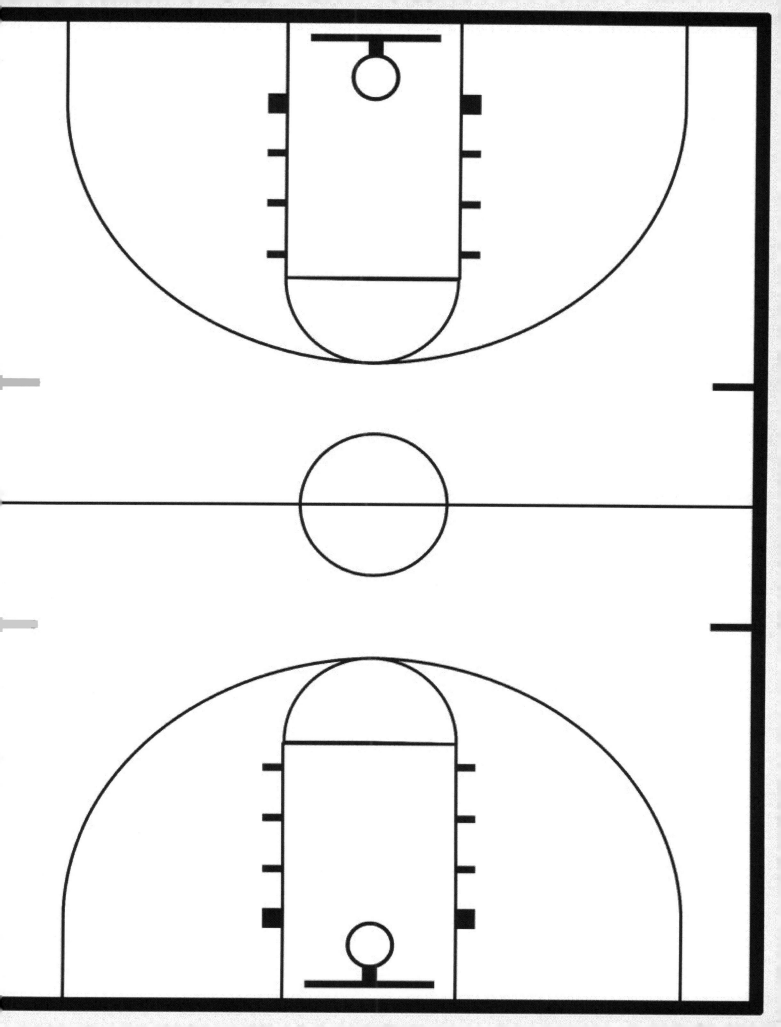

**DIAGRAM 1**

**DIAGRAM 2**

**NOTES**

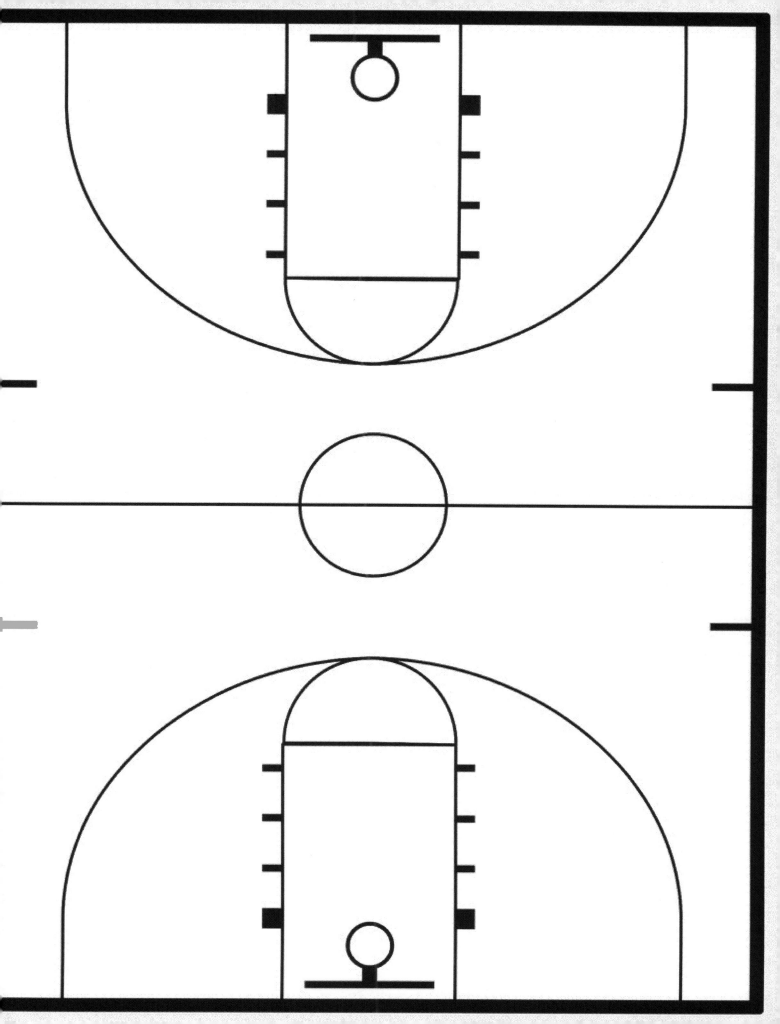

**DIAGRAM 1**

**DIAGRAM 2**

## NOTES

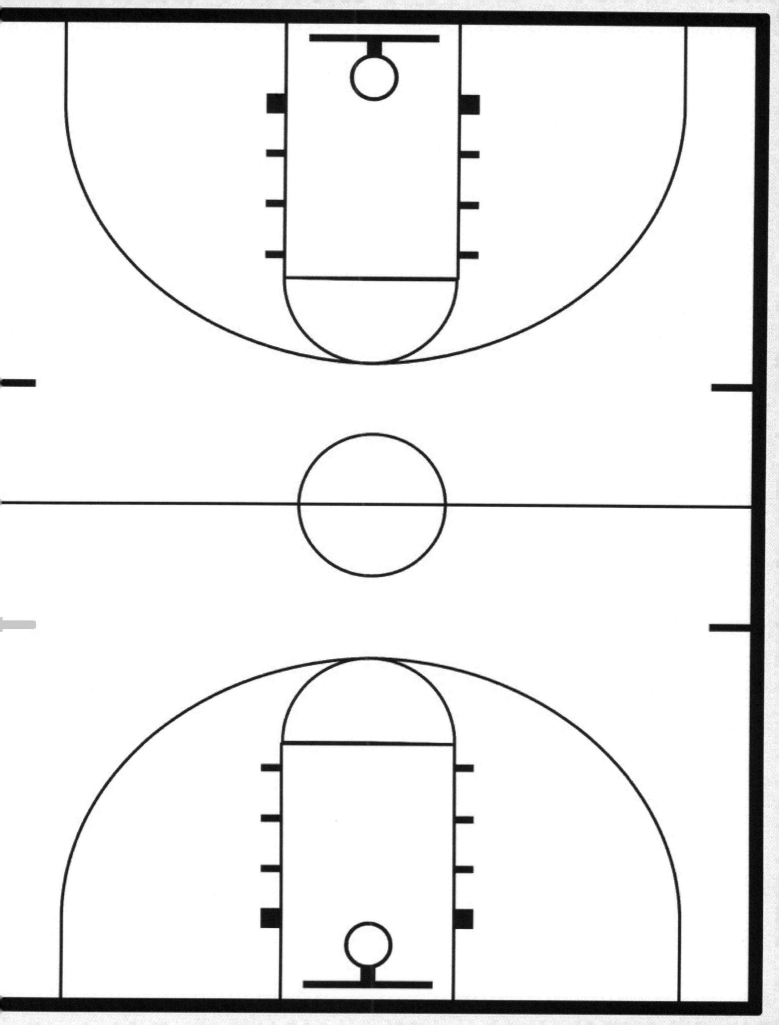

**DIAGRAM 1**

**DIAGRAM 2**

**NOTES**

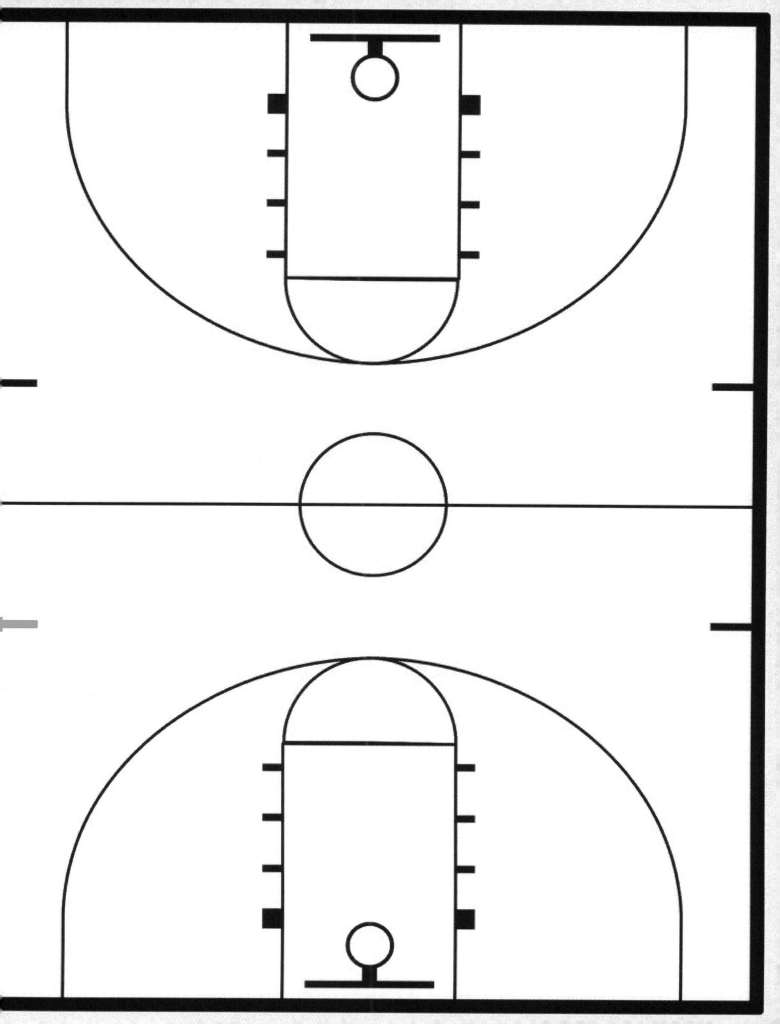

**DIAGRAM 1**

**DIAGRAM 2**

# NOTES

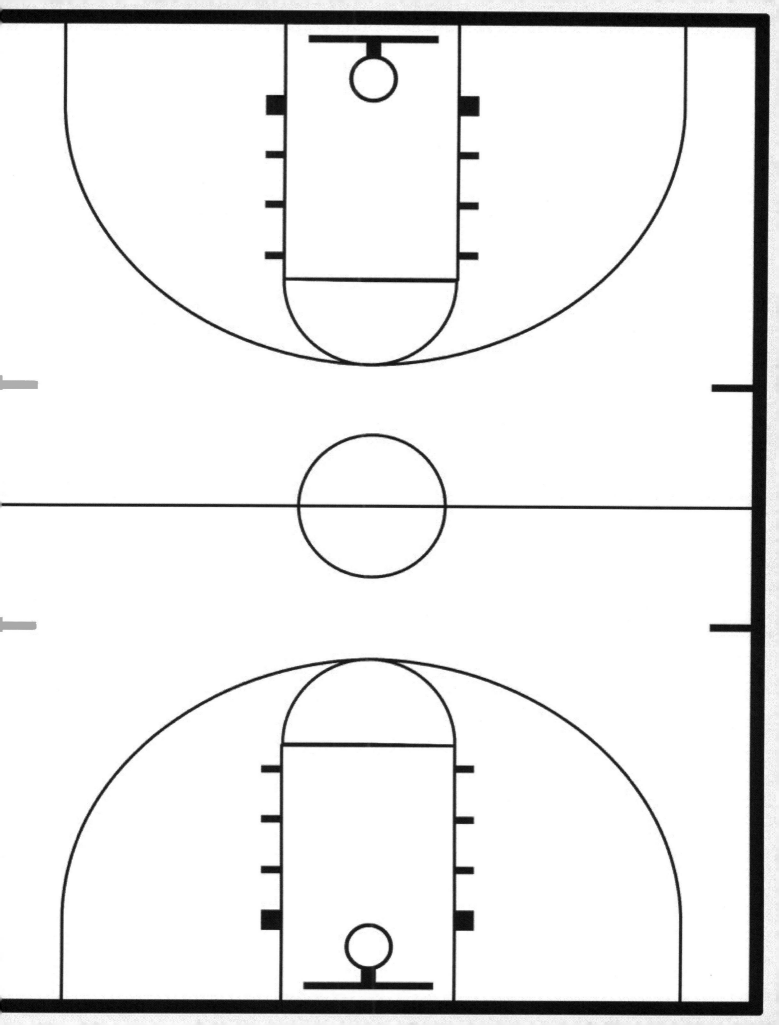

**DIAGRAM 1**

**DIAGRAM 2**

**NOTES**

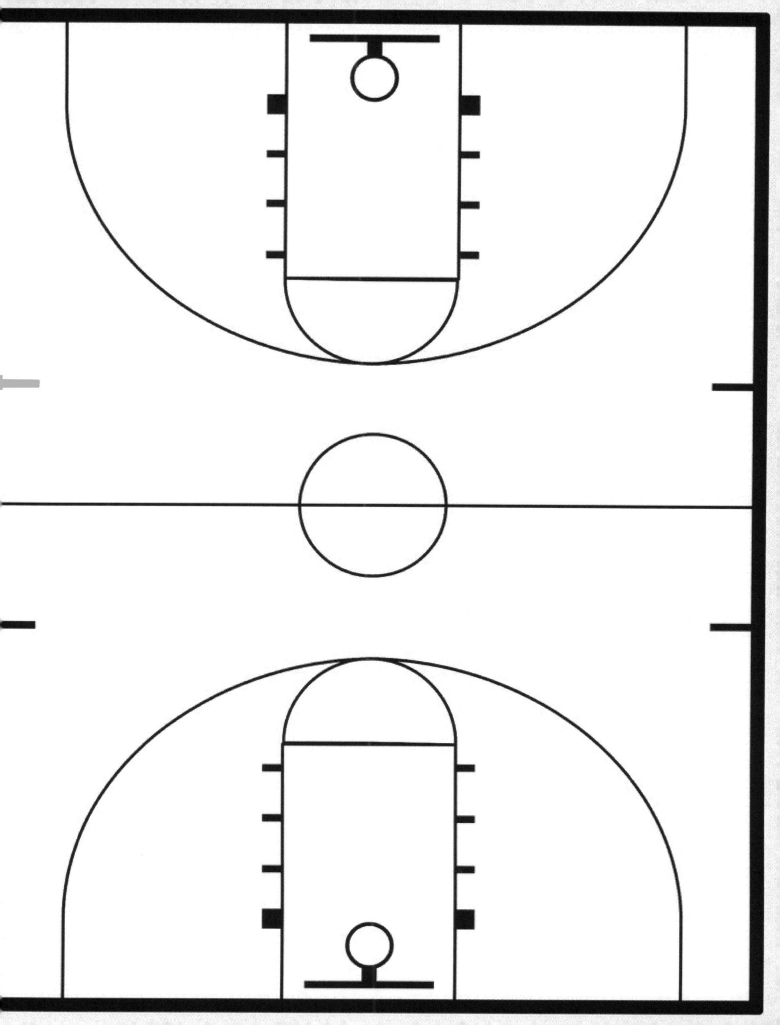

**DIAGRAM 1**

**DIAGRAM 2**

**NOTES**

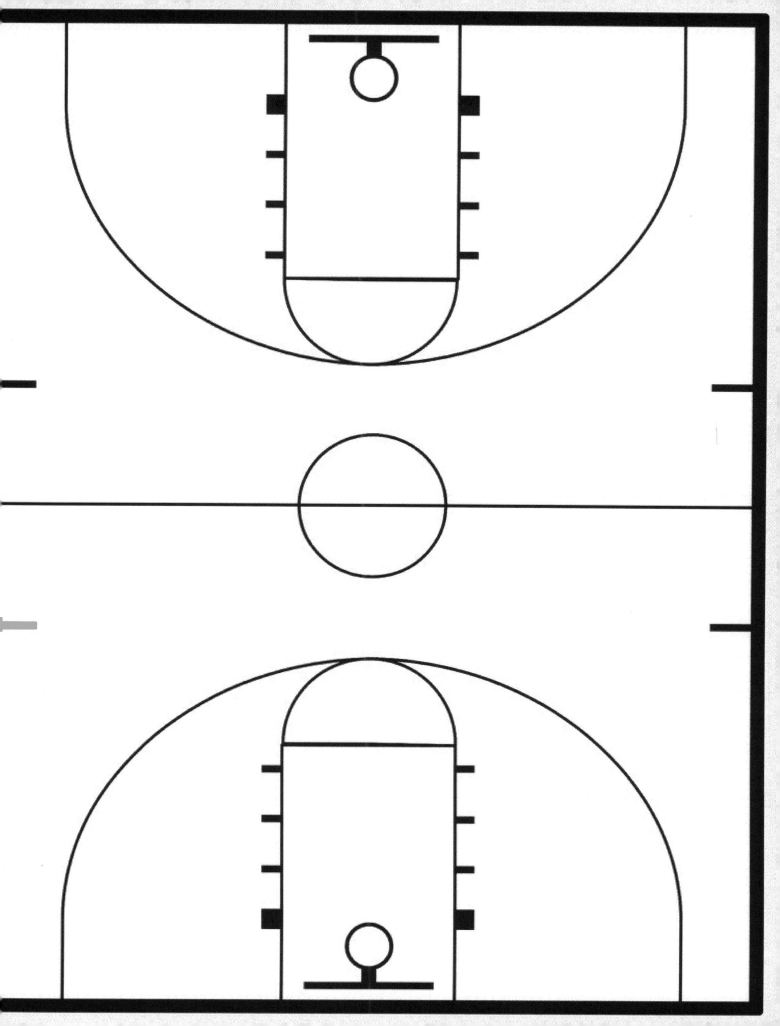

**DIAGRAM 1**

**DIAGRAM 2**

**NOTES**

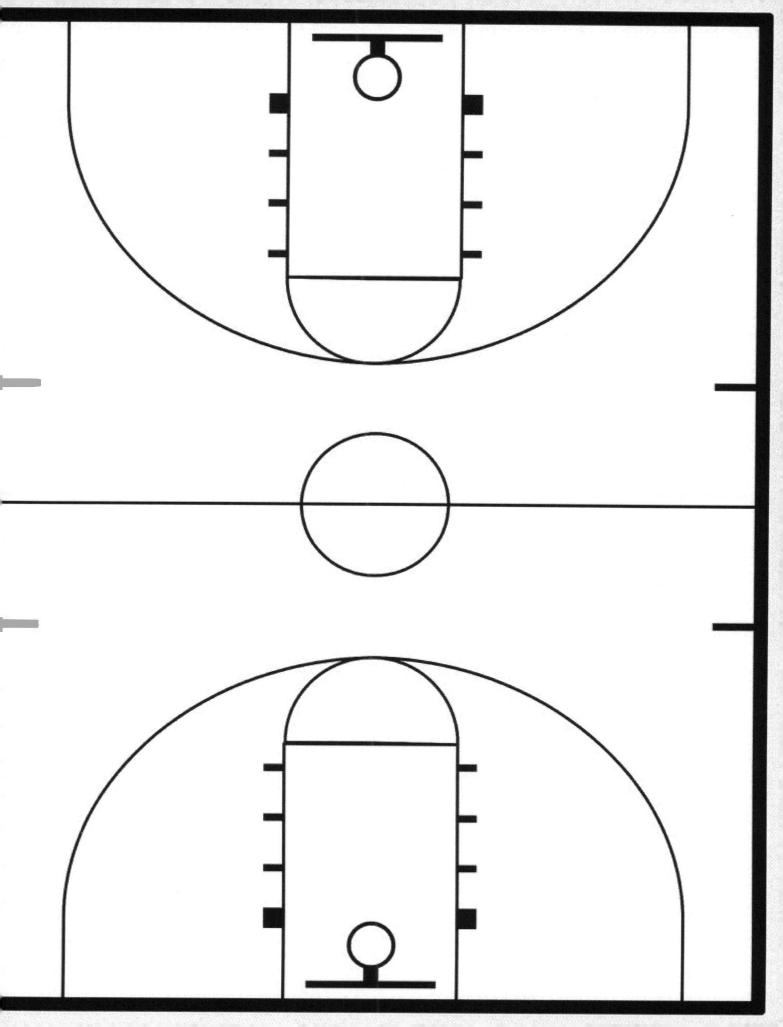

**DIAGRAM 1**

**DIAGRAM 2**

## NOTES

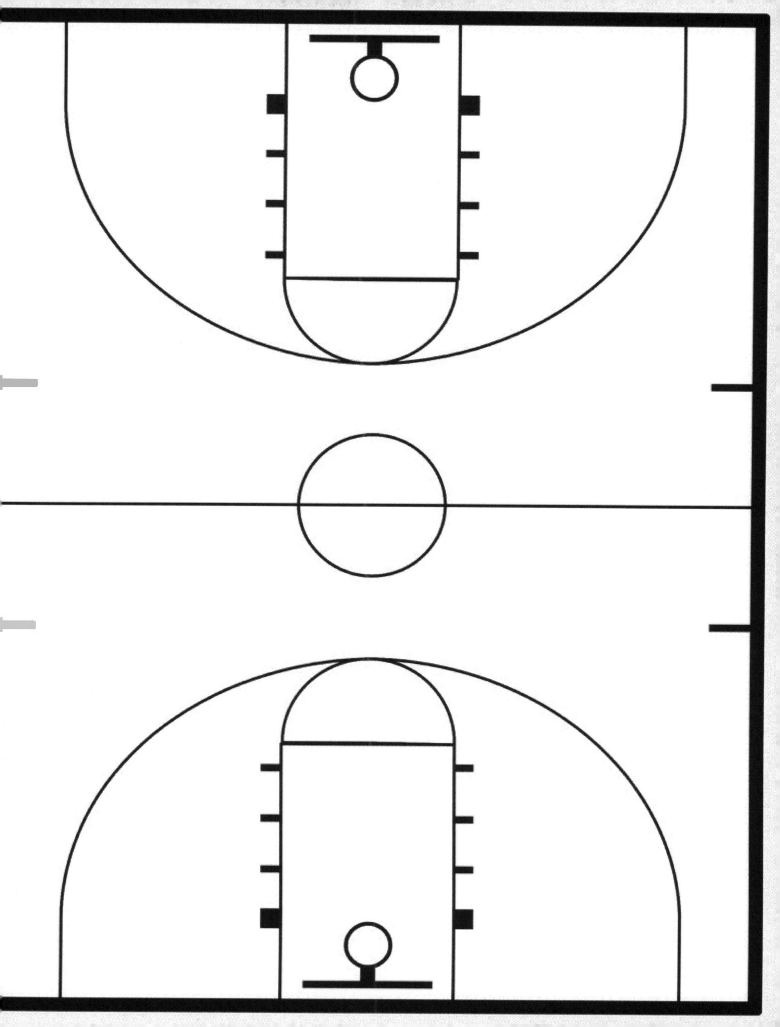

**DIAGRAM 1**

**DIAGRAM 2**

**NOTES**

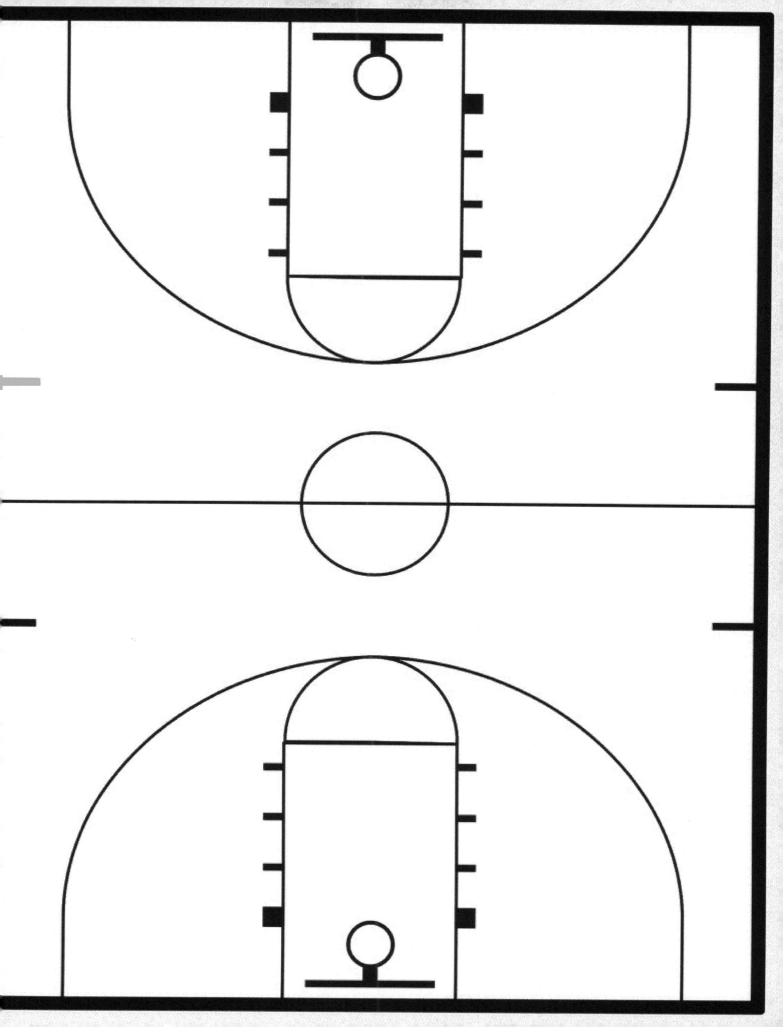

**DIAGRAM 1**

**DIAGRAM 2**

**NOTES**

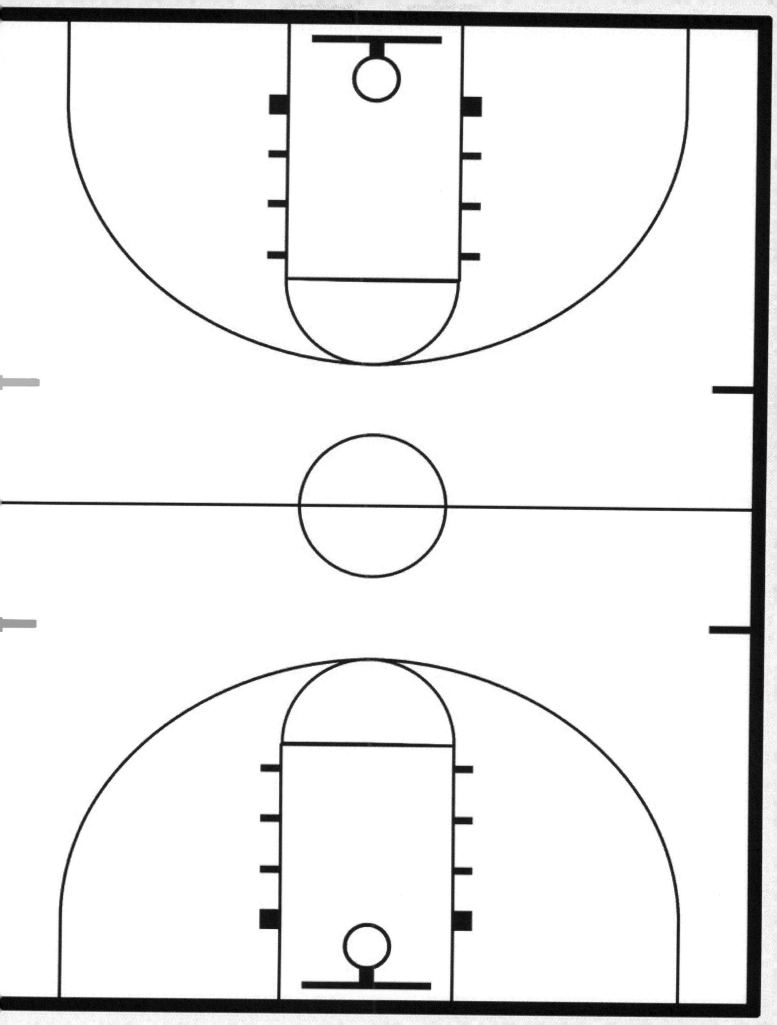

**DIAGRAM 1**

**DIAGRAM 2**

**NOTES**

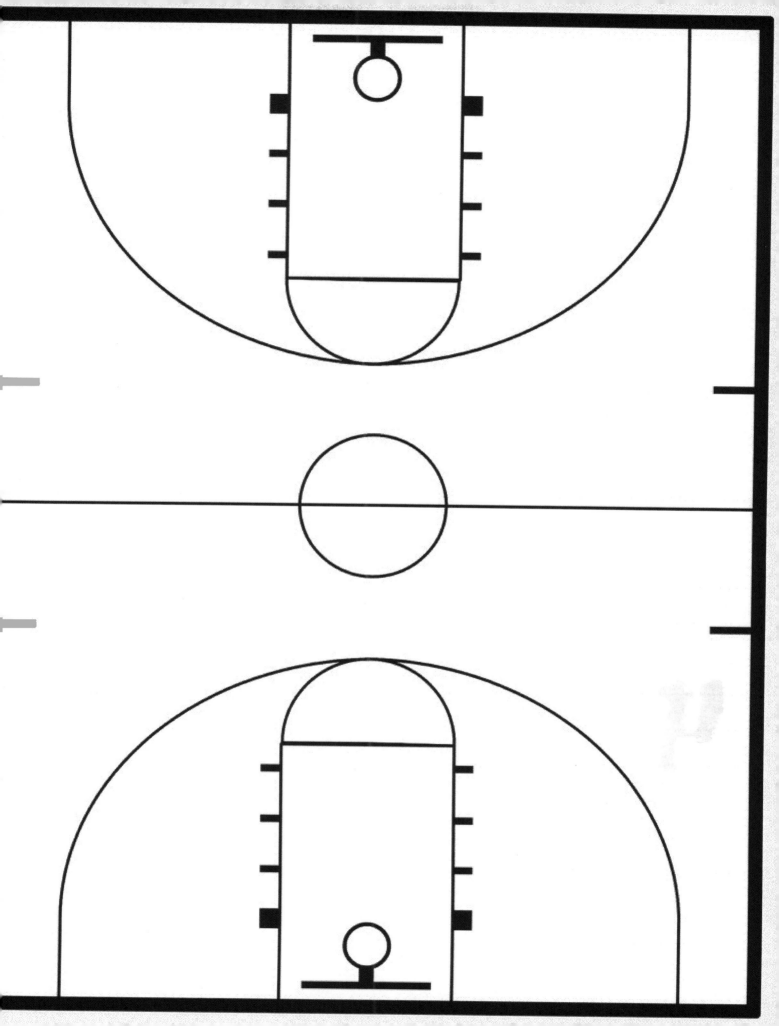

**DIAGRAM 1**

**DIAGRAM 2**

## NOTES

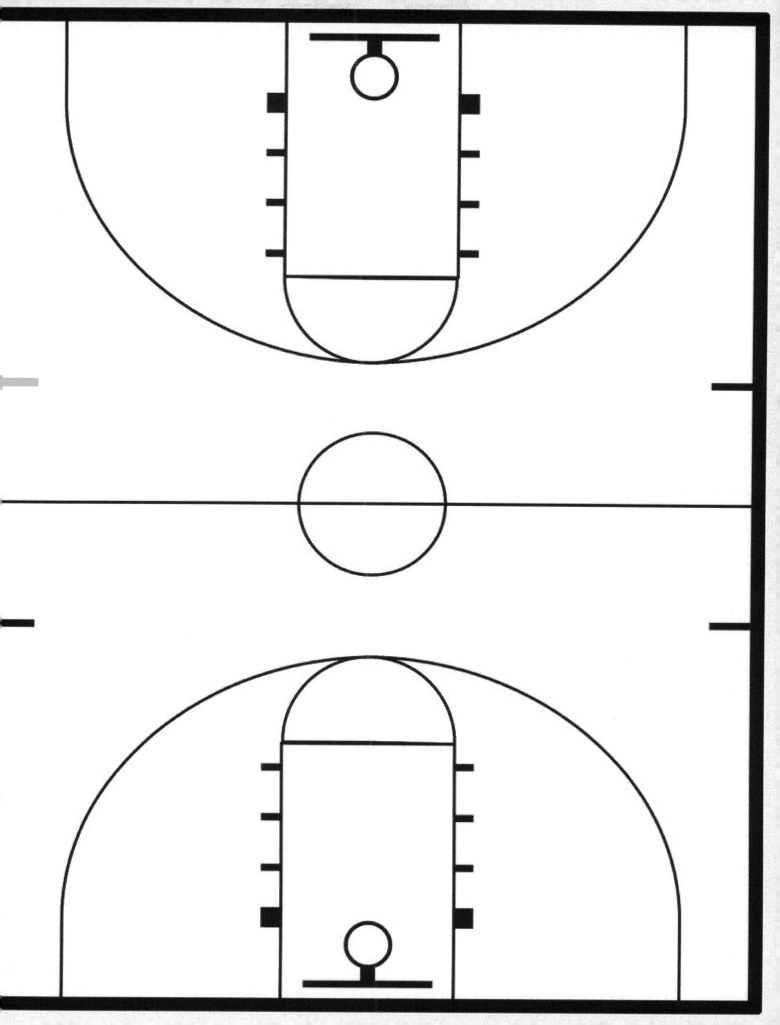

**DIAGRAM 1**

**DIAGRAM 2**

**NOTES**

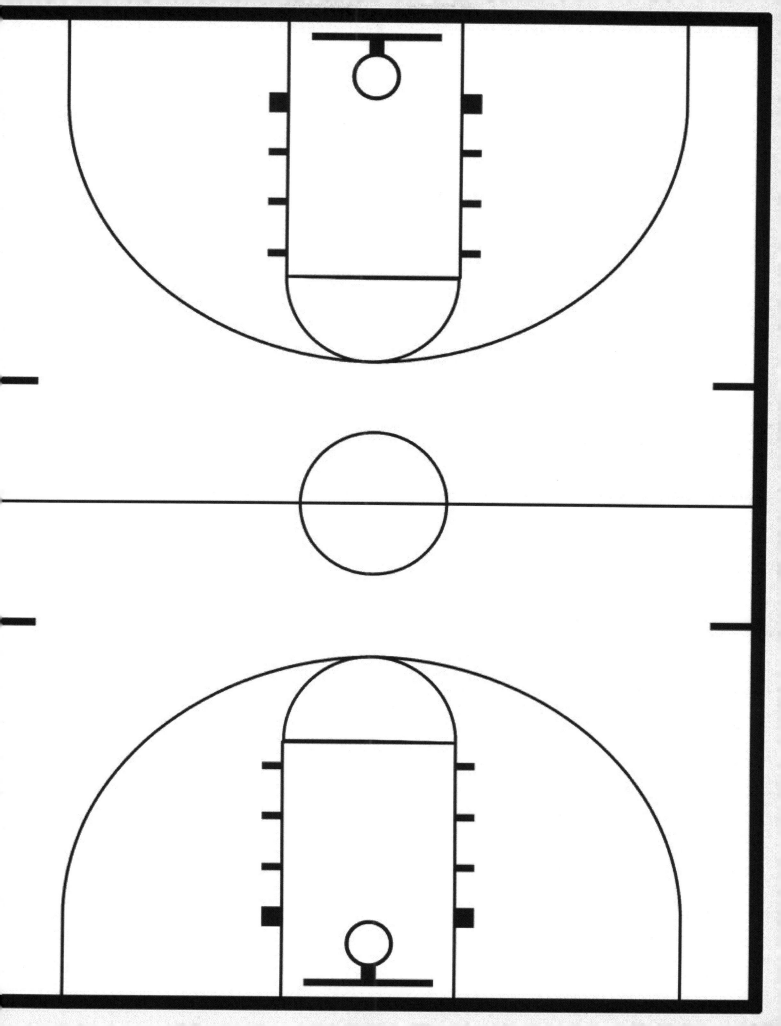

**DIAGRAM 1**

**DIAGRAM 2**

## NOTES

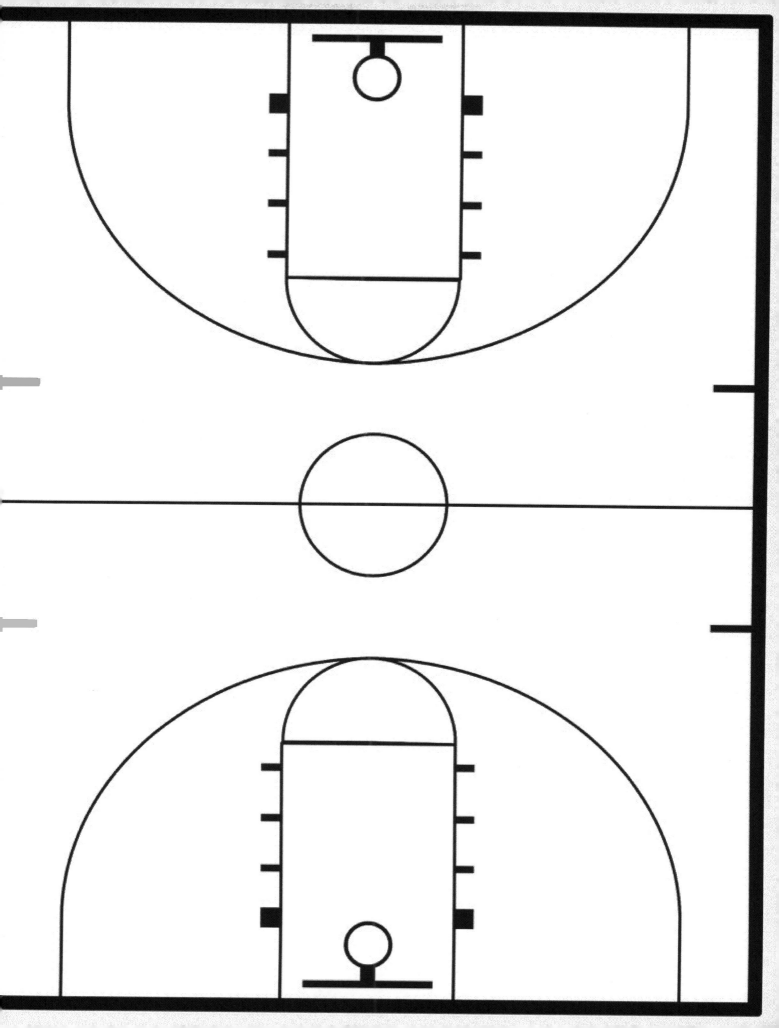

**DIAGRAM 1**

**DIAGRAM 2**

## NOTES

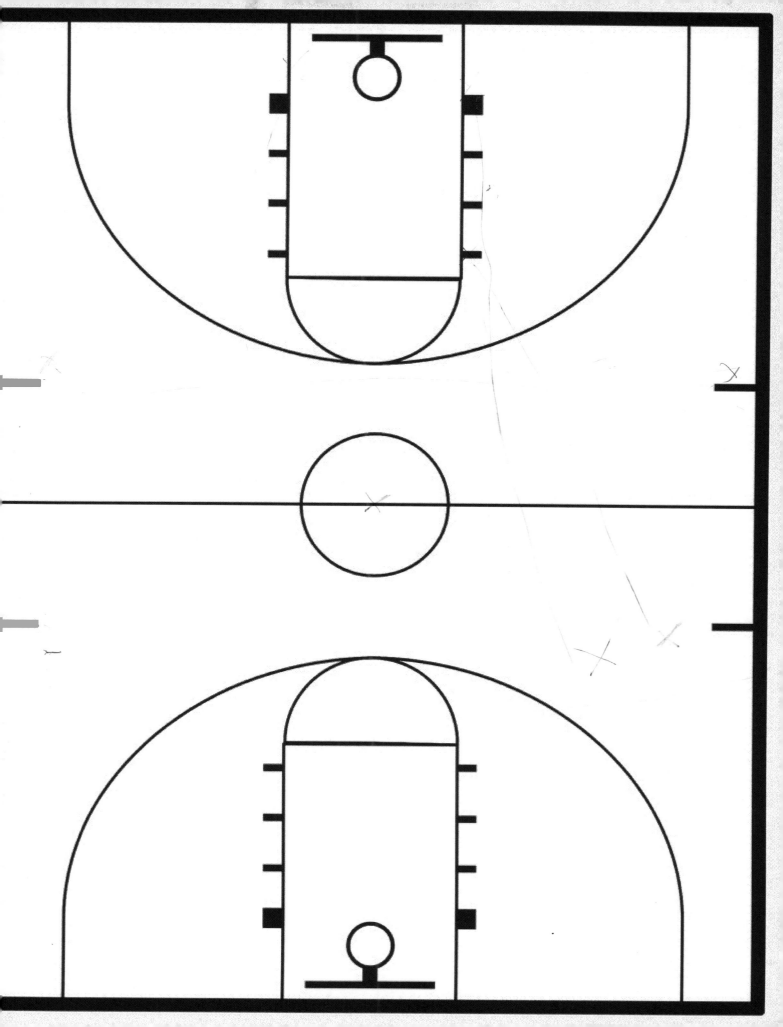

**DIAGRAM 1**

**DIAGRAM 2**

**NOTES**

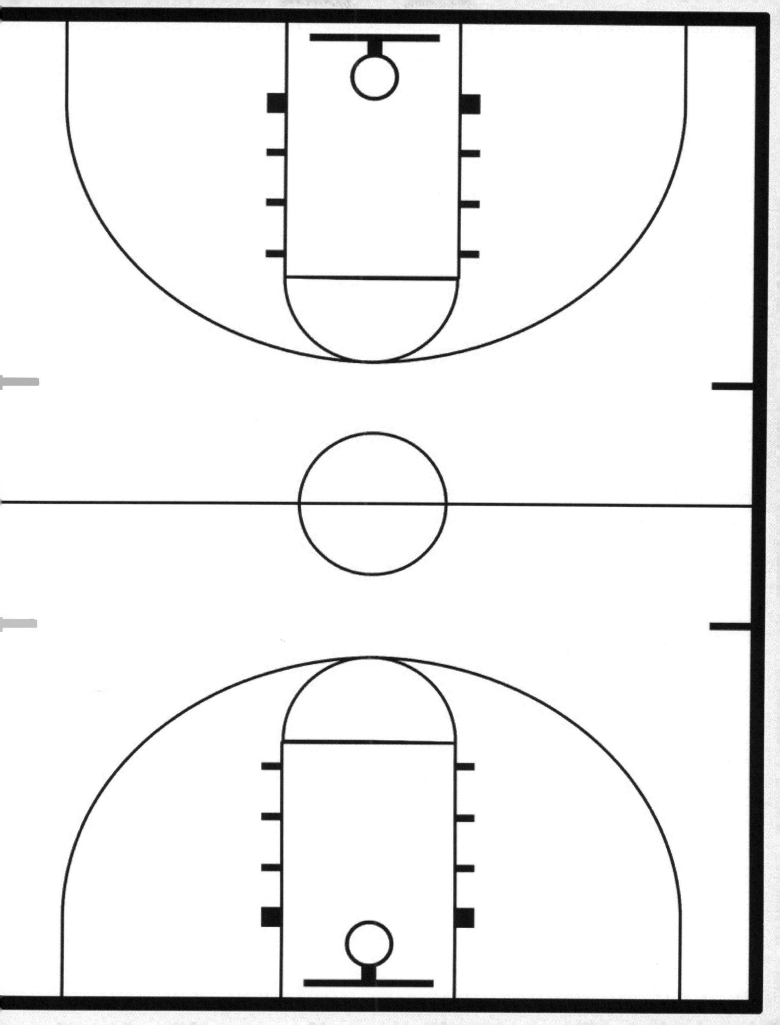

**DIAGRAM 1**

**DIAGRAM 2**

**NOTES**

Made in the USA
Middletown, DE
05 June 2019